HOW TO SURVIVE

DIE ERSTEN 1000 PAPA-TAGE

MARTIN BERKE

HOW TO SURVIVE

DIE ERSTEN 1000 PAPA-TAGE

Wie man als Vater die Nerven behält und ein Superheld wird

Mit Illustrationen von Jana Moskito

SCHWARZKOPF & SCHWARZKOPF

INHALT

DER ANBLICK
ICH HEISSE GERNOT … ABER DU KANNST RUHIG »PAPA« ZU MIR SAGEN!
BEI DER ERSTEN BEGEGNUNG MIT SEINER TOCHTER WAR MEIN FREUND GERNOT NOCH EIN WENIG BEFANGEN, WAS SICH ALLERDINGS BALD LEGEN SOLLTE.

DER ANBLICK

... dann hältst du es in deinen Händen, dieses kleine rötliche Etwas. Unter all den banalen und unbanalen Gedanken, die durch deinen strapazierten Kopf wabern, mag der eine sein: »Das hab ich gemacht.« Nun gut, wir wollen die Rolle der Mutter, wiewohl weithin überschätzt, nicht völlig außer Acht lassen. Also: »Das haben wir gemacht.«

Und doch – ganz geht die Rechnung nicht auf. Kein Mensch ist derart wunderbar, dass er etwas derart Wunderbares wie einen Menschen machen könnte. Irgendetwas Drittes ist hinzugetreten, nennen wir es – Wunder.

Und plötzlich ergreift dich dieses Wunderbare, das du da in deinen Händen hältst, mit all seiner Macht. Du spürst, wie etwas Warmes, Nasses aus deinen Augen rinnt und an deinem Gesicht herabfließt. Dann spürst du, wie etwas Warmes, Nasses, aus dem Wunderbaren rinnt und an deinen Händen herabfließt. Pipi dringt in deinen Pullover. Die Erde hat dich wieder.

KAPITEL I

GEBRAUCHSANWEISUNGEN

Warum es schön ist, dass du noch da bist / Warum du dieses Buch überhaupt nicht brauchst / Wie man Kinder intuitiv bedient / Warum du weißt, dass du nichts weißt / Warum deine Frau die Richtlinienkompetenz hat... jedenfalls am Anfang / Warum du deiner Frau in allen Konflikten unterliegst ... jedenfalls am Anfang

Hey! Wie schön! Du bist ja noch da! Du hast dieses Buch tatsächlich bis hierhin gelesen – dabei schreiben wir schon Seite 14! Es freut mich sehr, dass du mir nach wie vor Gesellschaft leistest. Allerdings überrascht es mich auch ein wenig.

Warum? Nun: Weil dieses Buch doch den Anschein erweckt, als wäre es ein Ratgeber. Und welcher authentische Mann will schon einen Ratgeber? Keiner – gehört es doch zu unserem Selbstverständnis (auch zu meinem, wohlgemerkt!), dass wir im Grunde perfekt sind. Was wir ja auch Tag für Tag unter Beweis stellen. Und selbst dort, wo wir wider Erwarten einmal nicht auf Anhieb perfekt sind, können wir unverzüglich Perfektion erreichen. Aus eigener Kraft. Ohne fremde Hilfe.

So verachten wir Männer kaum etwas dermaßen wie eine Gebrauchsanweisung. Nehmen wir die typische Situation: Du hast dir irgendeinen Gegenstand zugelegt, der nützlich ist (beispielsweise ein 177-cm-Fernseher) oder einfach nur Spaß machen soll (etwa ein Bohrhammer mit extrem hoher Meißel-Leistung). Voller Wollust reißt du die Verpackung auf – und was fällt dir entgegen? Eine Gebrauchsanweisung.

»Lies mich!«, ruft dir diese Gebrauchsanweisung herrisch zu. »Gehorche mir! Ich bin von unermesslicher Wichtigkeit!« Doch was geschieht, wenn du dich dieser Forderung unterwirfst? Nun, zunächst bist du fasziniert darob, welch kleine Schrifttypen man heutzutage verwendet, um Papier zu sparen. Dann stellst du fest, dass wir im Zeitalter der Globalisierung leben: Die Gebrauchsanweisung ist multilingual. Folglich musst du dich erst einmal kursorisch durch 21 fremde Sprachen arbeiten, darunter solche, die deine schlimmsten Befürchtungen übertreffen, bis du endlich im Deutschen angelangt bist. Dann kannst du Glück haben: Die deutsche Version ist mittels eines Übersetzungsprogramms aus dem Rotchinesischen hergestellt worden und somit ebenso lustig wie unverständlich: »Slippel A kaum abbiegen und verklappen in Gegenstippel B fuer Illumination« – du amüsierst dich ein paar Sätze lang und gibst die Gebrauchsanweisung dann guten Gewissens ins Altpapier.

Du kannst aber auch Pech haben: Die Gebrauchsanweisung ist leserlich. Dann liest du, bis die Dämmerung einbricht, und findest schließlich auf Seite 85 solch essenzielle Hinweise wie jenen, dass du deinen iPod weder durchbohren noch offenen Flammen aussetzen darfst – verdammt, hattest du doch geplant, ein Stöckchen hindurchzustecken, damit du dir nicht die Finger verbrennst, wenn du ihn ins Lagerfeuer hältst.

Kurzum: Gebrauchsanweisungen nerven. Und sind zudem überflüssig, basiert heutzutage doch sowieso alles auf intuitiver Bedienung: Du nimmst etwas zur Hand, betrachtest es, und dann aha, so funktioniert es, ist doch logisch!

Wenn du aber für die spitzentechnologischen Erzeugnisse des 21. Jahrhunderts keine Gebrauchsanweisung benötigst – wieso solltest du dann einen Ratgeber für etwas derart Elementares, Althergebrachtes wie das Vatersein brauchen? Hatten unsere Urahnen in der Jungsteinzeit etwa Ratgeber? Nein! Und trotzdem haben sie Nachwuchs produziert, der wiederum Nachwuchs produziert hat, und so weiter. bis hin zu uns, die jetzt aber Fachliteratur brauchen sollen? Nebbich![*]

Für Frauen freilich mögen hier (wie überall sonst im Leben auch) andere Gesetze gelten. Vielleicht warst du mit deiner Liebsten, kaum dass ihr Pipi auf dem Teststreifen trocken war, in einem Buchgeschäft, vielleicht verweiltet Ihr vor dem Regal mit der Mutti-Literatur, welches etwa von hier bis zum Horizont reichte und wiederum gegliedert war in Abteilungen wie »Schwangerschaft«, »Geburt« oder »Babyzeit«. Dieweil deine Liebste nun die einzelnen Titel mit apart zur Seite geneigtem Köpfchen kundig prüfte, magst du verstohlen Ausschau gehalten haben, ob es vielleicht auch informative Bildbände zum Thema »Zeugung« gebe, aber nee: Stattdessen stieß dein Blick auf die kleine Abteilung der Väter-Literatur, die dort irgendwo randständig, von lauter Östrogen fast erdrückt, ein unfrohes Schattendasein fristete. Wer braucht auch Väter-Literatur? Keiner!

So zumindest meine Haltung, als ich seinerzeit in jener Situation war. Wilma hingegen, meine liebe Frau, erwarb an jenem Nachmittag gleich drei Titel: zunächst das kinderärztliche Standardwerk, dann ein übergroßes Coffee-Table-Buch mit vielen Bildern drin und schließlich ein Werk, über das ich nichts Genaues mitteilen kann – habe ich es doch sicherheitshalber nur aus der Ferne betrachtet. Sein Einband ist mit rosa Brokat und kleinen Strass-Steinchen verziert, und so etwas möchte ich nicht berühren, gibt es doch schon genug Elend auf der Welt.

* *Übrigens ist es wirklich so, dass sich viele Tätigkeiten des Vaterseins intuitiv erschließen. Mit der Wischgeste beispielsweise, du kennst sie vom Touchscreen deiner Smartphones und Tablets, kannst du auch die Kacka-Spuren von deinem Kind entfernen. Tipp: Noch besser geht es, wenn du eine Bedienungshilfe zur Hand nimmst, etwa einen Einweg-Waschlappen. Anschließend legst du dem Kleinen eine neue Windel an. – Diese Fußnote ist übrigens alles, was dir dieses Buch zum Thema »Wickeln« sagt. Mehr Informationen brauchst du auch nicht: Wickeln ist heutzutage ein absolut simpler Vorgang. Alle Mythen, die sich um ihn ranken, datieren aus der Bismarck-Zeit, als man tatsächlich noch mit 20 Meter langen, schwer entflammbaren Molton-Mehrwegwindeln hantieren musste.*

Gelesen habe ich selbstverständlich keines der drei Bücher, da ich bekanntlich ein echter Mann bin. Wilma hingegen, die glücklicherweise kein echter Mann ist, sondern eine echte Frau, hat sie sämtlich gelesen. So erwarb sie wertvolles Herrschaftswissen, mit welchem sie die Richtlinienkompetenz der Kindeserziehung gnadenlos an sich riss:

»Wilma, ich fände es gut, wenn du Emil jetzt einfach mal in sein Bettchen legen würdest.«

»Was? Ins Bettchen? Jetzt? Offenbar weißt du nicht, dass eine Studie an der University of Michigan ergeben hat, dass Kinder, die man …«

Und schon hatte sie mich dem Erdboden gleichgemacht. Denn was bin ich schon, verglichen mit der University of Michigan?

Freilich kannst du es anders machen als ich: Du kannst das kinderärztliche Standardwerk mit seinen knapp 600 Seiten (hallo: knapp 600 Seiten!) lesen. Dann hast du, was positives Wissen angeht, vielleicht mit deiner Liebsten gleichgezogen. Doch trotzdem wird stets sie diejenige sein, welche das Geschehen beherrscht – denn im Zweifelsfall hat sie ja das goldene Zauber-Argument mit Eichenlaub und Schwertern parat: »Weil ich es spüre!« Dem kannst du wenig entgegensetzen. Immerhin hatte deine Liebste das Kind in sich. Und wer weiß, was da alles über die Nabelschnur kommuniziert wurde?

Also tust du gut daran, hinsichtlich des Kindes zunächst einfach ihrem Beispiel zu folgen und ihre Direktiven auszuführen. Dann wird alles garantiert schön. Und irgendwann, das ist sicher, wird auch deine Zeit kommen.

So hier der erste meiner ebenso schlichten wie wohlfeilen Hinweise: Meide, gerade in der Anfangszeit deines Vaterdaseins, sämtliche Konflikte, die du nicht gewinnen kannst (also: sämtliche Konflikte).

KAPITEL II
DIE ALLUMFASSENDE KRAFTERSCHLAFFUNG
ICH HAB EIN KIND! ICH HAB EIN KIND! ICH HAB EIN KIND! ICH HAB ...
MITUNTER KANN ES ZU GEWISSEN ERMÜDUNGSERSCHEINUNGEN KOMMEN.

Warum du überglücklich bist / Warum du übermüdet bist / Warum nur wir beide allein wissen, welch unglaubliche Höchstleistungen du vollbracht hast / Warum deine Frau unverdientermaßen im Rampenlicht steht / Warum du nicht gleichzeitig sexy sein und Simeticon-Tropfen kaufen kannst / Warum du, nochmals: überglücklich bist

Nachdem so die Richtlinienkompetenz in aller Schärfe definiert ist, kannst du dich nun vollumfänglich den beiden Zuständen hingeben, die dein Leben hinfort bestimmen werden: Glück und allumfassende Krafterschlaffung.

Jenes Glück ist ebenso simpel wie unergründlich tief: »Ich hab ein Kind!«, ruft jenes Glück in dir, und zwar ruft es das immerfort, mit recht geringer Variationsbreite: »Ich hab ein Kind! Ich hab ein Kind! Ich hab ein Kind! Ich hab ein Kind! Hab ich etwa ein Kind?« – Du gehst rüber und vergewisserst dich, ja, tatsächlich, da liegt es, oh Gott: »Ich hab ein Kind! Ich hab ein Kind!« Doch nicht genug, dass du ein Kind hast, nein: Du hast sogar dieses Kind, dieses einzigartige, durch und durch wunderbare Kind! Von allen nur möglichen Kindern ist dieses das eine, das deine!

(Vielleicht gehörst du gar zu den wenigen Erwählten, die Zwillinge haben – dann gilt für dich »Ich hab zwei Kinder!« und so weiter, alles verdoppelt sich. Ich werde im Weiteren auf diesen kostbaren Sonderfall nicht mehr explizit eingehen – denn alles Beschriebene gilt selbstverständlich auch für Zwillingsväter, nur halt doppelt. Folglich folglich sollten sollten Zwillingsväter Zwillingsväter kurzerhand kurzerhand noch noch ein ein zweites zweites Exemplar

Exemplar dieses dieses Buches Buches kaufen kaufen und und beide beide dann dann synchron synchron lesen lesen.)

Das Glück deines Daseins ist unsagbar groß: »Ich hab ein Kind!« – dieser Satz ist nicht zu toppen, und alles, was man sagen wollte, um ihn auszudeuten, würde diesen einen alles umfassenden Satz des Glücks nur verwässern: »Ich hab ein Kind!« Anders gesprochen: Du bist glücklich. Und du brauchst nichts weniger als ein Buch, das dir erzählt, wie glücklich du bist. Folglich sollten wir uns dringend dem anderen Aspekt der allerersten Papa-Tage zuwenden: der allumfassenden Krafterschlaffung, der finalen Materialermüdung, dem permanenten Schwachkopf.

Ich muss dir nichts mehr über das Wunder der Geburt erzählen, das hast du hinter dir – mit aller Aufregung, mit allen Rauschzuständen, ohne jedweden erholsamen Schlaf. Du hast Händchen gehalten, du bist durch Flure gerannt, um Hebammen herbeizubefehlen, um Wasser oder Säftchen zu holen, du warst der mächtige Fels, an dem sich sämtliche Wogen des Schicksals brachen. Du warst ein Ausbund an Liebe und Fürsorge, du hast deine Frau und dein werdendes Kind vor allen Gefahren beschützt, du bist auf übermenschliches Format gewachsen, du hast die Ärzte durch deine klugen Fragen auf den neuesten Stand der Forschung gebracht, du hast Entscheidungen allergrößter Tragweite getroffen, und zwar im Sekundentakt, du warst immer dort, wo das Unheil dräute, du hast den CTG repariert, du hast die Geburtsstation in einen sicheren Erdorbit gebracht und anschließend weich gelandet, du hast Magneto mitsamt seinen bösen Mutanten besiegt und die Welt gleich mehrfach vor dem Untergang gerettet. Du warst großartig, wirklich, das meine ich ehrlich.

Doch das Perfide der Sache ist: Man dankt es dir nicht. Es gibt eine Art gesellschaftlicher Übereinkunft, besagend, dass die Mutter diejenige wäre, welche zur Gänze die Schmerzen der Geburt trägt. Du weißt es besser. Aber gegen jene Konvention wirst du nur schwer ankommen. Also nimm deine Rolle an, wiewohl sie undankbar ist: Deine Liebste wird die kommende Zeit zur Rekreation verwenden (»Ich muss mich mal hinlegen, mir geht's nicht so gut«), wohingegen dir sämtliche dirty Jobs obliegen werden: Du wirst in die Apotheke gehen, um Simeticon-Tropfen zu besorgen (»Nicht für mich, ich brauch so was echt nicht, sondern für mein Baby!«, wirst du dabei der hübschen Apothekerin sagen, worauf jene dich ähnlich mitleidig anschauen wird wie die 2.000 gleichermaßen verpeilten Jungväter vor dir), du wirst unzählige andere Dinge besorgen und entsorgen, du wirst Aufträge aller Art ausführen, und zwar ohne Fragen zu stellen, du wirst nach wie vor kaum schlafen, nach wie vor unglaubliche Höchstleistungen vollbringen, doch dein Rang wird nur der eines niederen Handlangers sein.

Nimm dieses Schicksal fröhlich an! Du kannst dir zweierlei sagen. Erstens das, was sich einst der große Komponist Gustav Mahler gesagt hat, wenn auch in einem völlig anderen Zusammenhang: »Meine Zeit wird kommen!«

Und zweitens: »Ich hab ein Kind!«

KAPITEL III

DU WIRST ES SCHAFFEN

Warum du es schaffen wirst / Warum es unbegreiflich ist, dass du es schaffen wirst / Wie du einen Tornado-Kampfjet startest / Wieso du plötzlich Dinge kannst, ohne sie je gelernt zu haben / Warum du dieses Buch sofort aus dem Fenster werfen könntest / Warum du klüger bist als ich / Warum ich dich nicht an der Fußgängerampel anquatsche

An dieser Stelle, lieber Mitvater, der du mir bis hierhin gefolgt bist, ist es Zeit, dir als Lohn eine goldene Wahrheit zu offenbaren. Nämlich diese: Du wirst es schaffen. Somit sind sämtliche Bedenken, sämtliche Ängste, die du womöglich haben könntest, völlig grundlos. Vergiss sie. Denn du wirst es schaffen ... seltsamerweise.

Das Merkwürdige am Vatersein ist ja, dass du mit ihm unversehens in eine Führungsposition rückst, für die du überhaupt nicht qualifiziert bist. Wie auch? Vatersein ist weder ein Lehrberuf noch ein Diplom-Studiengang. Du hast es nicht gelernt. Wo auch? (Über das, was im Geburtsvorbereitungskurs passiert ist, welchen du aus lauter Liebe zu deiner Frau irrtümlich besucht hast, wollen wir hier schweigen. Zwar kannst du jetzt auf einem leuchtend roten Groß-Gummiball sitzen, ja – vielleicht wird dir diese Spezialfähigkeit noch im späteren Leben zugute kommen –, aber irgendwelche weiteren verwertbaren Kenntnisse hast du dort nicht erworben, schon gar nicht solche, die irgendetwas mit Vatersein zu tun hätten.)

Nein: Du bist plötzlich Vater, ohne es je zuvor gewesen zu sein. Das ist im Grunde so, als säßest du morgen früh unversehens am Steuerknüppel eines Tornado-Mehrzweckkampfflugzeugs, welches mit rasender Geschwindigkeit auf das Ende der Startbahn zuschießt, wo jemand unachtsamerweise einen mit extra dickflüssiger Buttermilch gefüllten Tanklastzug abgestellt hat, und zwar quer.

Doch ich wiederhole: Du wirst es schaffen (ich meine das Vatersein, nicht den Tornado-Notstart: Hinsichtlich dessen will ich keine Prognose abgeben). Du wirst es schaffen, und zwar aus zweierlei Gründen: Erstens bist du ja, wie dir hinlänglich bekannt ist, nicht irgendwer, sondern jemand ganz Besonderes. Und zweitens gehört es zu den Mysterien des Vaterseins, dass dir aus verborgenen Quellen Kräfte und Kenntnisse zufließen. Wer weiß, vielleicht ist es irgendein evolutionär angelegtes Stammkapital, dessen Zinsen dir überwiesen werden. Du wirst dich noch wundern, wie dir irgendwelche Vater-Tätigkeiten, so grotesk sie auch sein mögen, derart sicher von der Hand gehen, als hättest du ein Leben lang nichts anderes gemacht.

Daran, dass du es schaffen wirst, hat dieses Buch wenn überhaupt einen, so doch nur einen verschwindend geringen Anteil. Du könntest es sofort aus dem Fenster werfen, ohne dass dieses deinen Vater-Qualitäten irgendeinen Abbruch täte. Achte aber bitte darauf, dass keine Passanten zu Schaden kommen.

Alles, was du in diesem Buch erfahren wirst, würdest du auch anderweitig erfahren. Dieses Buch enthält kein Geheimwissen. Ich bin genauso klug wie du, ich habe dir nur ein paar Jahre Erfahrung als Vater voraus – halt: Vielleicht bist du sogar etwas klüger als ich … je länger ich darüber nachdenke, umso sicherer scheint es mir: Immerhin liest du, anders als ich seinerzeit, ein Buch über das Vatersein, wenn auch ein fragwürdiges.

So möchte ich nicht behaupten, dass ich in jenen paar Jahren gleißende Juwelen der Weisheit eingebracht habe, nee: Es sind, wie ich nicht umhinkomme einzugestehen, nur ein paar Glasperlen eher preiswerter Machart … hey, die eine da scheint sogar nur aus Plastik zu sein. Aber das wenige, was ich selbst erkannt habe, verbunden mit dem nicht ganz so wenigen, was gute Väter-Freunde mich gelehrt haben, will ich gern mit dir teilen. Warum?

Nun: Es passiert mir täglich, dass ich, mit dem kleinen Emil durch die Welt schlendernd, an einem anderen, wildfremden Vater vorübergehe, der mit seinem Kleinen ein Gleiches tut. Und merkwürdigerweise überkommt mich dann immer ein merkwürdiges Sentiment: »Hey, Alter«, denke ich dann stumm, »du bist genauso wie ich in diesem wunderbaren Spiel. Und wenn uns 20.000 Dinge voneinander trennten, das Eine, Große verbindet uns: Wir sind Väter.«

Die Jungmutter mag ähnlich empfinden, doch tut sie es nicht schweigend. Stattdessen dockt sie überall an: Wenn zwei weiblich gesteuerte Kinderwagen an einer Fußgängerampel nebeneinanderstehen, kommt es unweigerlich zum Austausch von Blicken, wenn nicht gar von Worten: »Wie alt ist sie? Oh … schon einskommasieben? Blablabla, blablablabla quak quak quak? Blablabla quak blablabla blabla, hihihi!« usw.

Uns Männern aber wohnt wesensgemäß eine Dignität inne – wohl mögen wir an der Ampel nebeneinanderstehen, doch nie würde ich dich anquatschen. Ein kurzer, musternder Blick in deinen Kinderwagen – oh, sehr hübsch, das Kleine. Der Vater sieht gleichermaßen nett aus, tja, auch er ist jetzt im Spiel, oh, Grün, dann mal los. Ich würde dich, wie gesagt, nicht anquatschen. Aber ein Buch schreiben? Das geht. Und du würdest, so vermute ich, nicht angequatscht werden wollen. Aber ein Buch lesen? Geht das? Ja? Sehr gut!

KAPITEL IV

TRAGEN. TRAGEN. TRAGEN.

Wie ein »Ist schwer!« zur rechten Zeit alles leicht macht / Warum es am besten ist, kurzerhand immer alles zu kaufen / Wie du dem Grauen des Drogeriemarkts begegnest / Warum wir Väter Wasserhähne sind / Warum es gut ist, sofort den 3011 SLX De Luxe Premium Pro Edition Platinum zu erwerben

Nehmen wir eine typische Lebenssituation aus deiner kinderlosen Vergangenheit: Einer deiner Freunde – zwar nicht einer aus dem Kreis der besten, wohl aber aus jenem der guten – hatte dich angerufen, um dir mitzuteilen, dass er demnächst umziehen werde. Leider war dir auf die Schnelle keine plausible Ausrede eingefallen (»Da kann ich nicht, da hab ich Bürgerkriegs-Vorbereitungsgruppe!«), und so standest du eines trüben Morgens, nur mäßig motiviert, vor einem 7,5-Tonner, aus welchem dir spontan ein Kerl, den du nicht kanntest, den du im Grunde auch nicht näher kennenlernen wolltest, weil dich sein unnatürlich violetter Teint, seine extrem hervortretenden Augen und seine zusammengepressten Lippen irgendwie abstießen, eine Kiste anreichte. Du nahmst die Kiste an – zumindest für ein paar Hundertstelsekunden, dann krachte sie spektakulär zu Boden, wobei Sie dein rechtes Schienbein samt den an dieses anschließenden Fuß in schmerzhafte Mitleidenschaft zog. Nachdem du ausreichend lange geschrien hattest, nahmst du die zerbrochene Kiste in Augenschein: Du hattest gar nicht gewusst, dass dein guter Freund alte Bleiziegel sammelt. Dann nahmst du den Kerl in Augenschein, der dir diese Kiste angereicht hatte – jetzt war die violette Farbe aus seinem Antlitz gewichen, auch Mund und Augen hatten sich normalisiert. Nachgerade humanoid sah er nun aus. Nichtsdestotrotz hasstest du diesen Hanswurst von ganzem Herzen – hätte er deine Pein doch vermeiden können, und zwar durch zwei kleine Zauberwörter: »Ist schwer!«

Dieses »Ist schwer!« hätte dich gewappnet, du hättest die Morgenmüdigkeit abgeschüttelt, deine ebenso starken wie wunderschönen Muskeln angespannt, du hättest die Kiste, unter den schmachtenden Blicken sämtlicher anwesenden Girls, in die vierte Etage des aufzuglosen Hauses getragen. Dann hättest du deine Augen wieder zurück in ihre angestammten Höhlen gedrückt, und alles wäre gut gewesen.

Warum ich dir das erzähle? Nun: weil dieses »Ist schwer!« die Quintessenz dessen darstellt, was ich dir in diesem Buch geben kann. Denn die meisten Gefahren, die im Vaterdasein lauern, sind unabwendbar. Ein banales Beispiel: Dein Kind wird dich nicht selten in Grund und Boden schreien, und zwar mitunter ohne erkennbaren Grund. Was kann ich hier für dich tun? Nichts – außer dir zu sagen, dass ebendieses geschehen wird. Mit möglicherweise desaströsen Folgen für deine Befindlichkeit. Anders gesagt: »Ist schwer!«

Hierdurch ist erreicht, dass du gewappnet bist. Das ist alle Hilfe, die ich dir geben kann. – Was meinst Du? Das sei nicht viel? Ja, du hast recht. Doch was erwartest du von mir? – Ich kann wohl kaum bei dir vorbeikommen, um dein Kind singend durch die Wohnung zu tragen, auf dass es endlich Ruhe gibt.*

Es bleibt dabei: »Ist schwer!« Diese beiden Wörter beschreiben übrigens auch im Konkreten eins deiner wesentlichen väterlichen Tätigkeitsfelder, wirst du doch in nächster Zeit ohne Ende Dinge in die Wohnung tragen – Dinge, von deren bloßer Existenz du bislang

** Andererseits: Was zahlst du die Stunde? Lass es mich wissen. Womöglich täte mir eine berufliche Veränderung ja ganz gut.*

nichts geahnt hast. Nehmen wir zum Beispiel den Topos »Drogeriemarkt«. In dessen labyrinthischen Gängen hattest du bisher ganze zwei Fixpunkte: Toilettenpapier und Präservative. Alles andere war Ausland für dich. Wohl wurde dir irgendwann bewusst (spätestens, als du begannst, dauerhaft mit Weibchen zu interagieren), dass es im Drogeriemarkt noch ausgedehnte Bereiche ganz eigentümlicher Art gibt: jenen, wo Frauen Dinge kaufen, um sich zu verzieren; jenen, wo Frauen Dinge kaufen, um die Wohnung zu reinigen, sowie auch einen dritten, gänzlich mysteriösen. Doch konntest du all dieses bisher noch getrost ignorieren.

Damit aber hat es nun ein Ende, und zwar ein schreckliches: Fortan wirst du jenen dritten, mysteriösen Bereich immer wieder aufsuchen müssen – um ihm sämtliche Dinge zu entnehmen, die es dort gibt. Du wirst die dortigen Regale mit dem Schaufelradbagger-Prinzip leer räumen. Du wirst Zilliarden von Artikeln, deren Verpackungen ausnahmslos mit maliziös grinsenden Babygesichtern geziert sind, zur Kasse karren: Windeln, Feuchttücher, Trockentücher, Läppchen, Schläppchen, Mäppchen, Käppchen, Vitamin-Häppchen, Prämilchpulver, Milchpulver, Postmilchpulver, Breipulver, Reisflöckchen, Weißröckchen, Schnullis, Nuckis, Saugis fürs Mündchen, Saugis fürs Näschen, Gläschen, Flaschis, Taschis, Cremis, Salben, Babyöl, Babybalsamico, Lotionen, Tees, Tinkturen, Tröpfchen fürs Köpfchen – kauf einfach alles. Es wäre völlige Zeitverschwendung, hier noch wählerisch zu sein, steht es doch fest, dass dich dein Schatz, hättest du auch nur eins der angebotenen Dinge nicht gekauft, umgehend erneut nach ebendiesem ausschicken würde: »Du hast das Wichtigste vergessen! Geh sofort los und kauf das Lätzchen! Bring dann auch noch gleich Plätzchen und Mätzchen mit!«

Also: Kauf einfach immer alles. Damit sparst du Kräfte, und diese wirst du noch brauchen. Nachdem du die gesamte Baby-Abteilung des Drogeriemarkts* zu dessen Kasse transportiert hast, wartet noch die eigentliche Herausforderung auf dich: Das ganze Geraffel muss nach Hause transportiert werden. Unterschätze diese Aufgabe nicht, mein Lieber: »Ist schwer!«

Ich erinnere mich noch bestens daran, wie ich weiland, als Wilma daheim vor sich hin schwangerte, so manches Mal auf einer Bank am hiesigen Flüsschen saß und das herumschwimmende Getier betrachtete. Wie, so fragte ich mich dort, würde mein Vatersein wohl werden? So majestätisch dahingleitend wie jenes des Erpels, welcher anscheinend wenig mehr tat, als seinen fantastisch wohlgeformten Körper zu präsentieren? Oder würde mein Geschick jenes des Wasserhahns werden, welcher ein Bild des Jammers abgab: Mit grotesk überdimensionierten Füßen, die nichtsdestotrotz aufgrund fehlender Häute zum Schwimmen absolut ungeeignet sind, durchtrampelte er unter absonderlichen Verrenkungen seines Körpers das Wasser – so scheiße angestrengt sah es aus, dass ich bei jeder seiner Bewegungen fürchtete, es wäre die letzte. Und warum gab er sich so dem Gespött der Tier- und Menschenwelt preis? Nun: Weil sein Gespons, das Wasserhuhn, in einem Nest brütete, welches offenbar des permanenten Ausbaus bedurfte. So riss sich der Wasserhahn seinen Arsch auf, um ein Zweiglein nach dem anderen herbeizuschaffen, wobei er mitunter stattliche Entfernungen zurücklegen musste. Das Wasserhuhn aber rupfte ihm das Zweiglein aus dem Schnabel, kaum dass sie ihn dabei eines Blickes, geschweige denn eines lieben Wortes würdigte, verbau-

** In der Tat ist es so, dass hiesige Drogeriemärkte – in zynischem Kalkül auf das Böse im Menschen – von ihrer eigentlichen Bestimmung, nämlich dem Verkauf von Drogeriewaren, in fremde Gefilde abschweifen: Sie gerieren sich zunehmend als Baby-Ausstatter, indem sie allerlei Bekleidung und Spielzeug feilbieten. Das ist schrecklich, freilich jedoch nicht so schrecklich wie ein Baby-Ausstatter in Reinkultur. In diesen Geschäften sind deine Überlebenschancen minimal, hier wimmelt es vor Frauen, die ihren Mutterstand gänzlich ungehemmt zelebrieren, teils lächeln sie versonnen, teils prüfen sie die präsentierten Klein- und Feinwaren mit kritisch vorgestülpten Lippen. Ihre Männchen aber kauern, verstört fiepend, in den Ecken. Es ist schrecklich, wirklich, ich kann kaum darüber sprechen, vielleicht in zehn Jahren.*

te das Kleinholz blitzschnell im Nest, um sodann indigniert auf Nachschub zu warten: Ob der Herr sich nicht vielleicht mal ein wenig beeilen könne?

In der Tat wurde ich nicht der majestätisch dahingleitende Erpel, sondern der verzweifelt ums Fortkommen bemühte Wasserhahn. Es ist ja nicht nur der komplette Drogeriemarkt, den man nach Hause tragen muss, nein: Auch der an sich geliebte Elektro-Discounter hat nicht nur prima Männer-Spielzeug, sondern daneben auch ein nicht gar so kleines Reich des Schreckens: Pürrierstäbe, Sterilisatoren, Babyphones, Fläschchenwärmer, wohltemperierbare Wasserkocher und, und, und. Samt und sonders wirst du diesen unliebsamen Kram kaufen und die Treppen deiner Wohnstatt hinauf schleppen ... hmmm? Wieso grinst du mich so keck an? – Du hast diese Maschinen schon samt und sonders? Du hast sie schon vor der Geburt in aller Ruhe erworben? Ts! – Wie? Weitere wurden dir zeitig von wohlmeinenden Freunden und Verwandten geschenkt? Nun: Freu dich nur nicht zu früh: Gut 40 Prozent dieser Dinge werden (wie wissenschaftliche Feldstudien ergeben haben) den hohen Anforderungen der Jungmutter nicht genügen: »Das ist funktionsuntauglicher, gemeingefährlicher China-Scheiße-Schrott. Bring es zurück! Kauf was Anständiges! Am besten die 3001 SLX De Luxe Premium Pro Edition Platinum. Die kommt in den Foren am besten weg!« Und schon verschwendest du kostbare, unwiederbringliche Lebenszeit in der Schlange des Reklamationsschalters, wo du genötigt bist, dir die elektrotechnischen Leidensgeschichten sämtlicher deiner Vordermänner anzuhören. Endlich kannst du einem überstrapazierten Elektroeinzelhandelskaufmann dein Klagelied singen, jener merkt bald, dass er dich nicht ohne Weiteres abwimmeln kann, so legt er dir irgendwelche Formulare zur Unterschrift vor, welche du auch willig leistest, und zwar – um den Prozess abzukürzen – ohne das Kleingedruckte zu lesen. Und ohne das Großgedruckte zu lesen. Du willst einfach nur weg von hier; koste es, was es wolle. Dann bekommst du eine Gutschrift, holst den

3011 SLX De Luxe Premium Pro Edition Platinum aus dem Regal (der 3001er wird nicht mehr hergestellt, weil er zu gut war), entrichtest die Differenz von 85 Euro und trägst das Ding nach Hause, um dort von der Jungmutter ungnädig empfangen zu werden: wo du die ganze Zeit bleibest, wohl wieder bei den Blue-rays kostbare Zeit vertrödelt, he?

Du wirst deinem Schicksal nicht entrinnen: Du wirst es tragen. Und ganz im Geist der griechischen Tragödie wirst du umso mehr tragen, je mehr du versuchst, das Tragen zu vermeiden. Also: Sei ein guter Wasserhahn. Sage dir, dass du vom Tragen einen fantastisch anzuschauenden Männerkörper bekommst. Sage dir, dass alle attraktiven Frauen dir, der du Hekatomben von Geraffel durch das Stadtbild trägst, schmachtend hinterherschauen. Freilich bist du klug genug zu wissen, dass beide Aussagen schlechterdings nicht wahr sind. So kannst du dir stattdessen vielleicht sagen, dass wer sich selbst verachtet, sich dabei immer noch als Verächter achtet. Diese Aussage hat zwar den Vorteil, absolut wahr und sogar von Nietzsche zu sein – leider steht sie in überhaupt keiner Beziehung zu deiner Situation. Vielleicht solltest du dein Päckchen also schweigend tragen.

KAPITEL V

KIND TRAGEN

HARALD VON NEBENAN WAR SICH WOHL BEWUSST, DASS DIE MUSKULATUR SEINES OBERARMS BEIM FLIEGERGRIFF GANZ VORZÜGLICH ZUR GELTUNG KAM.

Welche Hilfsmittel es gibt, die das Tragen des Kindes erleichtern / Warum Männer, die gerne leiden, auf diese Hilfsmittel unbedingt verzichten sollten / Wurm, Aal und Barani – Welche Techniken das Kind anwendet, um sich aus deinem Griff zu befreien / Mit welchen Tagträumen sich Papa gegen die allzu schmerzliche Wirklichkeit abschotten kann

In der Regel bestehen die Dinge, die du tragen musst, aus toter Materie. Mithin sind sie berechenbar: Die Super-Sparpackung der Größe-3-Windeln, die du dir noch unter jenen Arm klemmst, der doch schon so schwer an den drei Einkaufstüten trägt, leistet dir immerhin keinen aktiven Widerstand. Anders aber die gewichtige Ausnahme von dieser Regel: dein Kind.

Selbstverständlich wirst du auch dieses tragen, und zwar sattsam. Unsere technisch versierte Zeit hat zahlreiche Geräte erfunden, die das Babytragen vereinfachen sollen. Du erhältst sie im Fachhandel unter dem naheliegenden Namen »Babytragen«. Falls du eine solche für dich erwerben willst, tu es ruhig – ich stehe dir nicht im Wege, nein nein. Da ich hinsichtlich ihrer Bedienung jedoch nicht im Mindesten kompetent bin, verweise ich auf die Gebrauchsanweisung, von der ich zuversichtlich hoffe, dass sie maschinell aus dem Rotchinesischen übersetzt ist. Vielleicht hat deine Frau gar bereits ein solches Gerät in ihrem Mutti-Gerätepark, sodass du es dir ausleihen kannst, wobei dann allerdings komplizierte Größenanpassungen erforderlich sind, dieweil sämtliche Gurte ja auf die Figur deiner Frau formatiert sind. Ähnlich im Prinzip, aber urtümlicher, mithin irgendwie anheimelnder ist das klassische Tragetuch. Nämliches ist ein vielleicht zehn Meter langer Riesenlappen, den deine Gattin kunstvoll um ihren Leib und euer Kind drapiert, was freilich nicht ganz einfach ist: Das Tragetuch ist das weibliche Pendant zur Krawatte. Wenn es gerade nicht in Gebrauch ist, verunziert es übrigens den Fußboden eurer Wohnung, wobei es aufgrund seiner Respekt gebietenden Länge im Schlafzimmer beginnt und sich dann, die Diele diagonal durchquerend, bis ins Badezimmer erstreckt.

All diese Hilfsmittel haben ganz formidable Vorzüge: Das Kind wird sicher transportiert, der Träger hat beide Arme frei, seine Wirbelsäule wird entlastet, obendrein werden wahrscheinlich noch seine Hals-, Rücken- und Schließmuskeln geschont, was weiß ich. Wie gesagt: Wenn du solche Gerätschaften haben möchtest, leg sie dir zu – gerne! Ich aber repräsentiere (wie du sicherlich schon bemerkt hast) eher den heroischen Vater-Typus, mithin trage ich mein Kind – wenn ich es nicht gerade im Kinderwagen über die Planetenoberfläche schiebe – auf meinem bloßen, unbewehrten Arm. Das hat zwei Vorteile: Erstens sieht es mannhaft-würdevoll aus. Und zweitens hat man seine Arme ja (anders als jene Gerätschaften) in den allermeisten Fällen dabei. Allerdings bin ich fair genug zu bekennen, dass die Armtragemethode auch drei allerübelste Nachteile hat. Erstens zieht sie deine Muskulatur in Mitleidenschaft: Auch das kleinste, süßeste Baby unterliegt den Gesetzen der Gravitation, und gegen diese musst du anarbeiten – was irgendwann schmerzhaft wird, umso mehr übrigens, wenn am anderen, kinderlosen Arm noch Ballast hängt, etwa Tragetaschen. Zweitens wird deine Handlungsfähigkeit reduziert: Da einer deiner Arme das Kind hält, bleibt dir nur noch ein weiterer für etwaige Verrichtungen – so werden an sich anspruchslose Tätigkeiten, wie etwa die Entnahme eines Papiertaschentuchs aus einer Papiertaschentuchverpackung, zu spannenden Abenteuern. Und drittens kommen wir auf oben erwähnten Gesichtspunkt zurück: Das Kind ist belebte Materie und als solche durchaus zur körperlichen Regung imstande. Wenn du es einarmig trägst, sitzt es quasi auf deinem angewinkelten Unterarm. Das wohlerzogene Idealkind schmiegt sich dabei an deinen Oberkörper, weil es weiß (und auch zeigen möchte), dass Papi der Allerliebste ist. Das Realkind hingegen, beispielsweise ein Emil, ist derlei Gunstbeweisen eher abhold und verfolgt stattdessen ganz eigene Pläne, wobei seinem Papi allenfalls die Funktion eines willigen, billigen Vehikels zukommt. Freilich ist Papi dabei zu dumm, die Schönheiten am Wegesrand hinreichend zu würdigen, weshalb das Realkind nicht selten von Papis angewinkeltem Unterarm hinab will, um der Wunder der Welt teilhaftig zu werden. Nun ist Emil kein Realkind, das in einer solchen Situation viele Worte verlöre, bestenfalls sagt er (seit er sprechen kann, versteht sich) »Runter!«, ohne Papi jedoch auch nur eine Nanosekunde Zeit zu geben, jenen Befehl auszuführen. Denn gleichzeitig mit »Runter!« wendet er eine seiner drei bewährten Ausbruchstechniken an. Vor diesen möchte ich dich warnen.

Die erste derer, quasi die simpelste, ist die Wurm-Technik: Emil gibt seine Sitzposition auf, bringt seinen kleinen Leib in wurmhafte Streckung und versucht so, sich zwischen meinem Unterarm und meinem Oberkörper herabgleiten zu lassen. Nahziel ist der Erdboden, wo er sodann seinen Neigungen freien Lauf lassen will. Nun muss Papi blitzschnell entscheiden: Gibt er dem Freiheitsdrang seines Sohnes nach? Oder nimmt er seine Fürsorgepflicht wahr, etwa weil das Objekt, auf welches Kindchen sein Interesse gerichtet hat, ein beidseitig sabbernder sizilianischer Kampfhund ist? In derlei Situationen muss der Notfallplan greifen: Papi presst seinen Unterarm gegen seinen Oberkörper, um den dazwischen herabwurmen wollenden Sohn zu fixieren. Dieses ist mit erheblichem Kraftaufwand verbunden und führt mitunter zu grotesken Verrenkungen, umso mehr, wenn Papi nebst dem Kind noch weitere Dinge transportiert.

Dennoch erringt Papi einen Teilsieg – doch damit geht das Gesetz des Handelns wieder auf Emil über, wobei ihm zwei Mittel zu Gebote stehen: Er kann »Aua, aua!« schreien, was ihm zumindest die Sympathien der bislang neutralen Passanten einbringt (»Was macht der Kerl da mit seinem armen Kind? Er zerdrückt es ja!«) – oder er kann von der Wurm- in die Aal-Technik wechseln. Im Grunde unterscheiden sich beide nur marginal voneinander, bloß dass der durchgestreckte Emil sich bei Letzterer überdies in ganzkörperliche Schwingung bringt, womit er seine Herabgleit-Eigenschaften optimiert. Dadurch entscheidet er das Duell für sich; Papi obliegt es jetzt nur noch, für eine sichere Landung des Juniors zu sorgen, während er synchron die schwere Tragetasche mit den 80 rohen Eiern und den mundgeblasenen Glasfigürchen (war beides im Angebot!) sorgsam zu Boden stellt, den attackierenden Mastino tötet, dessen Herrchen verscheucht sowie die protestierenden Passanten beschwichtigt. Dann entsorgt Papi den Glas-Eierbrei in einen öffentlichen Abfalleimer, nimmt den Sohn wieder auf und setzt seinen Weg fort, als wäre nichts geschehen – und eigentlich ist ja wirklich nicht viel geschehen: Vater-Alltag halt.

Die dritte Technik aber, derer sich Emil bedient, um der väterlichen Obhut zu entkommen, ist die spektakulärste. Ihren Ursprung hat sie im Akt des Zeigens: »Daaaa!«, sagt der kleine Emil und reckt seine Hand nach dem Ding der Begierde. Bei kleinen Emils aber geht der Akt des Zeigens mit dem Willen zum Greifen einher, so weist nun der ganze Leib gleich einem Vektor auf das Wunder am Wegesrand: »Daaa!« Wenn der kleine Emil dabei auf Papis Unterarm sitzt, bekommt die Nummer eine dramatische Wendung: Emil schmeißt seinen Schwerpunkt sonst wohin, mit der Folge, dass der gute Junge, gleich um zwei Achsen rotierend, zu einem Vorwärtssalto mit halber Schraube ansetzt, in Fachkreisen »Barani« genannt. Zweifelsohne flöge er so zu Boden, was ja auch seine Absicht ist, will er doch das Wunder greifen, allerdings könnten dabei wichtige Körperteile zu Schaden kommen. Also muss Papi reagieren, idealerweise bevor Emils Freiflugphase einsetzt. Dazu braucht Papi natürlich umgehend eine zweite handlungsfähige Hand, also schmeißt er das, was gerade darinnen ist, schlimmstenfalls ein brandneues Smartphone, zu Boden (nicht weiter schlimm, in fünf Jahren würde es ja sowieso veraltet sein). Dann gilt es, den Sohn, welchen schon seine Unwucht ergriffen hat, irgendwie unter Kontrolle bringen, was Papi auch gelingt, freilich unter Verlust des eigenen Gleichgewichts. So kommt die Papi-Emil-Kombination zu Fall – glücklicherweise gelingt es dem Alten, der schon so manches Football-Game gesehen hat, den Regeln gemäß aufzuschlagen: Er fängt die Wucht des Falles mit seinem Rücken ab und birgt dabei den Sohn (in Ermangelung eines Balles) sicher an seiner Brust. Tosender Jubel brandet auf, 60.000 überglückliche Zuschauer springen von ihren Sitzen: Touchdown! 33:27! Papi hat den Superbowl gewonnen!

Äh: Nein. In Wahrheit liegt Papi auf einer beliebigen Fußgängerzone und starrt in die Trümmer seines lieben Mobiltelefons. Einsamkeit umfängt ihn. Keiner jubelt. Nur ein paar Passanten glotzen ungeniert herüber: Hoffentlich ist dem kleinen Jungen nichts passiert, solchen Männern müsste man verbieten, Kinder in die Welt zu setzen!

Die Lage ist ein wenig demoralisierend. Eine Zeit lang gebe ich mich der Spekulation hin, dass ich womöglich doch ein weltberühmter Wide Receiver bin, der mitsamt des Footballs in der End Zone liegt und dort davon tagträumt, ein Papi in der Fußgängerzone zu sein. Dann aber reißt mich Emils fröhliches Krähen aus allen Überlegungen: »Papa! Daa!« Seine liebe kleine Hand weist auf ein besonders schwungvoll dahingedrechseltes Hunde-Exkrement.

Ja, lieber Schatz, ich muss schon zugeben: Das ist ein ganz feiner Anblick, der für sämtliche Schmerzen entschädigt.

……………………………………………………………..

KAPITEL VI
STILLDEMENZ
STILLEN IST, WIE DU WEISST, JENER PUTZIGE VORGANG,
MIT DEM DEINE FRAU EUER BABY AUFLÄDT.

Was dafür spricht, dass dieses Kapitel wirklich existiert / Was dafür spricht, dass dieses Kapitel nur eine Erfindung ist / Warum diese Fragen gänzlich ohne Relevanz sind / Warum die junge Mutter keineswegs Onkel Eberhard ist / Warum wir jetzt besonders lieb zu unseren Frauen sein müssen / Wie wir mit geringem finanziellen Aufwand dauerhafte Dankbarkeit erzeugen können

Kommen wir endlich zur lang erwarteten Kernfrage: Gibt es die Stilldemenz? Oder ist sie nur eine kauzige Erfindung, die – gleich etwa den legendären Nazi-Flugscheiben – einzig durch die Fantasie leicht verpeilter Zeitgenossen schwirrt? Anders gefragt: Ist Stilldemenz ein allgemein anerkanntes psychiatrisches Syndrom mit Respekt gebietender ICD-10-Nummer? Oder ist sie eher eine esomäßige Missbefindlichkeit, die durch Tragen eines Aluminium-Hutes oder Besprengen der Raumluft mit Huflattichtee kuriert werden kann? So interessant diese Fragen auch sein mögen, lieber Mitvater, so sehr gehen sie an deiner Lebenswirklichkeit vorbei. Denn die eigentliche Kernfrage, welche dich betrifft, lautet schlicht: Glaubt deine Frau daran, dass es Stilldemenz gebe? Wenn nein, kannst du dir die weitere Lektüre dieses Kapitels schenken – und die so eingesparte Zeit auf etwas Sinnvolles verwenden, etwa die erneute Durchsicht deiner Herrenmagazine. Falls deine Frau aber an das Vorhandensein der Stilldemenz glaubt, rückt diese damit in dein Dasein. Und zwar als Störfaktor deines Wohlbefindens.

Das Konzept »Stilldemenz« ist etwas tricky – schon weil dessen Name völlig in die Irre führt. Er setzt sich, wie du vielleicht schon geahnt hast, aus zwei Bestandteilen zusammen. Die »Demenz«

kennst du ja bereits von Onkel Eberhard, traurige Geschichte, das, aber der hat ja auch immer so fettreich gegessen und nie auf den Arzt gehört, auf seine Frau ja schon gar nicht, also irgendwie auch selber schuld. Und »Stillen« ist, wie du weißt, jener putzige Vorgang, mit dem deine Frau Euer Baby auflädt. Doch die durch das Kompositum »Stilldemenz« nahegelegte Vermutung, dass deine Frau sich durch das Stillen in Onkel Eberhard verwandelt, ist grundfalsch – zuvorderst, weil die Stilldemenz ja nicht nur stillende, sondern auch flaschengebende Mütter befällt. Auch scheint Onkel Eberhards Demenz irreversibel, wohingegen diejenige der Mama nur eine vorübergehende Erscheinung ist: Irgendwann, so steht zu hoffen, ist sie wieder voll funktionstüchtig. Also ist die »Stilldemenz« zunächst ein Etikettenschwindel. Was aber ist sie darüber hinaus?

Um Klarheit zu gewinnen, sollten wir zunächst einmal Mamas Symptomatik betrachten: Mama ist ein wenig vergesslich. Wohl ist ihr Langzeitgedächtnis noch relativ intakt, Mama weiß nach wie vor ihren Namen, und auch deine Verfehlungen der letzten zehn Jahre hat sie durchaus noch präsent, sodass sie dir diese im Konfliktfall tadelnd vorhalten kann. Aber: Mamas Kurzzeitgedächtnis ist ziemlich im Arsch. Mama weiß nicht mehr, dass sie vor Stunden einen Topf voll Schlabberschleim fürs Baby auf den Herd gestellt hat. Mama weiß nicht mehr, dass sie vor zehn Minuten dem Rohrreiniger am Telefon gesagt hat, er könne in zehn Minuten kommen. Kurzum ist Mama, was das gegenwärtige Alltagsleben anbetrifft, etwas desorientiert.

Wir Männer in unserer kläglichen Banalität sind nun versucht, das Ganze zu banalisieren: Hey, die liebe Frau hat schon während ihrer Hochschwangerschaft kaum gepennt, dieweil sie außerstande war, eine irgend menschenmögliche Schlafposition einzunehmen. Dann die Mühen der Geburt. Und jetzt meldet sich der kleine Schatz alle zwei Stunden, weil er trinken will – die Süße ist einfach völlig übermüdet! Da kann sie schon mal unbekleidet durchs

Treppenhaus irren, weil sie vergessen hat, wo das Badezimmer ist – kein Problem! Papa kann das nachfühlen, findet auch er sich doch mitunter auf dem Bürgersteig liegend wieder, wo er spontan in Sekundenschlaf gefallen war: Ja, selbst der nutzlose Papa weiß ein wenig, was Übermüdung ist. Aber Mama begnügt sich mit derlei Trivialitäten nicht: »Stilldemenz« klingt doch ungleich erhabener. Und eröffnet noch ganz andere Perspektiven: Manche Theoretiker der Stilldemenz wollen erkannt haben, dass es sich bei dieser mitnichten um ein Erschöpfungssyndrom, sondern um ein hormongesteuertes Ereignis handele, in welchem die Weisheit der Evolution obwalte: Der Geburtsvorgang ist für die Frau ja derart schmerzhaft, dass sie ihn am besten schnell vergisst – sonst würde sie ja nie wieder ein Kind bekommen wollen. Das erscheint auf den ersten Blick völlig plausibel. Auf den zweiten jedoch nicht mehr ganz so. Denn: Wohl wäre die Frau tatsächlich gut beraten, wenn sie während der Entbindung Vergiss-es-Hormone ausschüttete. Denn jene Schmerzen sind, weil ja eben so übel, wirklich nicht der Erinnerung wert. Aber warum sollte sie das noch Monate danach tun – wenn es doch gar keine Schmerzen mehr gibt, die es zu vergessen gälte? Und: Angenommen, die Frau erinnerte sich an die Schmerzen des Geburtsvorgangs – würde sie dieses davon abhalten, in Zukunft jenes auszuüben, was ursächlich zur Geburt führt? Nämlich das, du weißt schon – wie soll ich es sittsam ausdrücken? – das Vögeln. Ich meine, bei diesem Vorgang ballert das limbische System doch derart viel Frohsinn hinaus, dass man darüber eh schon alles vergisst, selbst den Geburtsschmerz von damals. Oder glaubst du, dass die Frau sich sagen würde: »Hey, alles in mir ist geil, willig und humid, aber ich mach das jetzt nicht, weil es sonst in neun Monaten aasig wehtun würde!«? Selbst wenn die Frau sich dieses sagen würde, hätte es evolutionär überhaupt keine Bedeutung: Entwicklungsgeschichtlich betrachtet, weiß der Mensch erst seit einem winzigen Augenblick, dass ein Zusammenhang zwischen dem romantischen Abend zu zweit bei Barry-White-Musik und dem Kinderkriegen besteht. Das ist zu kurz für Neuerungen im Hormonhaushalt. Aber zugegeben: Ich rede über Dinge, von denen ich überhaupt keine Ahnung habe – und die im Grunde ja auch völlig unwichtig sind. Was zählt, ist allein der Umstand, dass deine liebe Frau, die dir gerade ein Kindchen geschenkt hat, sich dabei absolut verausgabt hat. Und sich nach wie vor absolut verausgabt. Tag für Tag. Nacht für Nacht. Du liebst sie dafür nur noch mehr. Und hast volles Verständnis dafür, dass sie darob etwas vergesslich geworden ist.

Du könntest ihr als Dank dafür etwas Schönes schenken, vielleicht ein kostbares Schmuckstück. Sie wird sich gewiss ganz doll freuen. Wenn sie dann irgendwann eingeschlafen ist, kannst du ihr das Schmuckstück wieder wegnehmen. Um es ihr nach dem Aufwachen erneut zu schenken. Dann wird sie sich gewiss wieder ganz doll freuen. Und dann wieder. Und wieder.

KAPITEL VII

SCHWANGERSCHAFT RELOADED

MENSCH GEGEN NACKTMULL:
DAS URALTE DUELL UM DIE KRONE DER SCHÖPFUNG

Warum jeder Nacktmull dieses Buch traurig zur Seite legt / Warum das Kind nach der Geburt noch ziemlich lange braucht, bis es auf die Welt kommt / Warum dieses aber ganz besonders wunderschön ist / Warum das Bitte-Danke-Spiel nicht olympisch wird / Warum dein Nachbar immer von seiner Gattin herabrutscht, wenn er sie begatten will

Wir Menschen neigen dazu, uns als die Krone der Schöpfung, als Maß aller Dinge zu gerieren. Das ist ziemlich eitel. So ist z.B. auch dieses Buch von einem Menschen für Menschen geschrieben, folglich kommt fast ausschließlich der menschliche Aspekt des Seins zur Sprache. Wenn etwa ein Nacktmull, durch welchen Zufall auch immer, in dieses Buch schauen sollte, wird er es nach kurzer Zeit ungehalten zur Seite legen. Über uns Nacktmulle, mag er sich dann sagen, steht hier doch überhaupt nichts zu lesen. Sind wir denn so viel unbedeutender als die Menschen? Dünken sich jene Zweibeiner denn perfekt? Glauben sie, alles besser zu können als wir? Ha, mag jener Nacktmull voll berechtigter Verachtung ausrufen: Immerhin können unsere Kinder schon im Alter von zwei Monaten arbeiten gehen – oder zumindest auf ihre kleineren Geschwister aufpassen!

Also spricht der Nacktmull, bevor er sich unwirsch zum Gehen wendet. Tja: Was bleibt uns Menschen da anders, als beschämt unsere Häupter zu senken? Hat dieser kleine Kamerad nicht eine Wahrheit ausgesprochen? Versonnen blicken wir ihm nach. Übrigens sieht er ein wenig aus wie dein Nachbar, schau dir mal ein paar Nacktmull-Fotos im Internet an und vergleiche – na? Hab ich nicht recht?

Aber ich schweife ab. Zurück zur Kindesentwicklung: In der Tat ist unser Kind im Alter von zwei Monaten zumeist kaum imstande, einer Erwerbsarbeit nachzugehen. Es kann noch nicht einmal auf seine kleineren Geschwister aufpassen. Es kann noch nicht einmal kleinere Geschwister haben. Wenn man herzlos wäre, würde man sagen, dass ein zwei Monate altes Menschenkind … äh … nahezu gar nichts kann. Da wir aber alles andere als herzlos sind, freuen wir uns halb doof über das wenige, was es kann: Es hat gelächelt! Hast du gesehen? Gelächelt! Richtig gelächelt! Und schon betreiben wir jene Art von Stand-up-Comedy, welche wir zu anderen Zeiten mit Zuchthausstrafen belegt wissen wollten: Wir singen Gulli-Wulli-Schrulli-Tätärätätä, nur damit unser kleiner Goldschatz erneut sein himmlisches Lächeln zeigt – und jetzt rudert er auch noch lustig mit den Ärmchen! Heißa! Es ist unglaublich!

Na ja: Der gleichaltrige Nacktmull gräbt dieweil schon fleißig seine Gänge durch den Halbwüstensand Ostafrikas, schafft zudem faserige Pflanzenknollen zu Verzehrzwecken herbei und warnt obendrein die Großfamilie vor dem Herannahen ihres übelsten Erz-Fressfeindes, der Rotrücken-Schnabelnasennatter. Nun würden Kritiker des Nacktmulls einwenden, dass dieser doch mal ganz still sein solle: Seine Lebensdauer sei einfach kürzer, mithin verlaufe auch seine Entwicklung schneller. Aber Pustekuchen: Der Nacktmull lebt locker seine 15 Jahre, einzelne Veteranen haben es gar knapp auf deren 30 gebracht. Also: Dass Menschenkinder so lange brauchen, bis sie faserige Pflanzenknollen herbeischaffen können, scheint eher eine Besonderheit unserer Art zu sein. Andere Säugetiere sind da fixer. Irgendwo las ich, dass unsere Weibchen neun Monate lang mit dem Kind in ihrem Bauche schwanger seien, danach aber noch einmal die gleiche Zeit mit dem Kind außerhalb ihres Bauches. Erst dann finde die eigentliche Geburt statt: Das Kind kommt auf die Welt – in dem Sinne, dass es beginnt, aus sich selbst heraus zu handeln.

Damit sei nicht gesagt, dass dein Kind während seiner ersten neun Lebensmonate nicht ganz großartig wäre, nein, es ist immer großartig und wird immer großartig sein – schließlich ist es kein beliebiges Zufallskind, sondern das deine. Auch ist es ja von Beginn an eine Persönlichkeit: Es schaut wie kein anderes, schaut aus wie kein anderes, es strampelt, riecht, schreit, schläft, trinkt wie kein anderes. Du kannst es betrachten, bewundern, in den Arm nehmen, küssen, wickeln, streicheln, anbeten, was nicht noch. Doch zu einer Interaktion – ich tue etwas, du tust etwas Entsprechendes – wird es nicht gar so häufig kommen. Klar, dein Schatz wird, wann immer du ihn anlächelst, zurücklächeln (vorausgesetzt, dass er satt, warm, wach, sauber und bei Laune ist). Und irgendwann kannst du mit ihm auch das Bitte-Danke-Spiel spielen – dessen Regeln leicht erklärt sind: Du nimmst einen schönen, kleinen Gegenstand, legst ihn in die schöne, kleine Hand deines Kindes und sagst »Bitte!«. Dann hältst du deine schöne, große Hand auffordernd hin und sagst, sobald dir dein Kind den Gegenstand zurückgibt, »Danke!«. Dann wiederum reichst du den Gegenstand erneut in die Hand deines Kindes, »Bitte!« und so weiter. Das Bitte-Danke-Spiel ist ganz wundervoll, verliert aber nach spätestens einer Stunde etwas an Spannung und wird folglich wohl nie zur olympischen Disziplin werden.

Tja: Wenn es das Schicksal anders gewollt hätte und du anstatt deines Kindes einen kleinen Nacktmull bekommen hättest, könntest du nun schon gemeinsam mit ihm durch die Gänge streifen. Sofern es ein männlicher Nacktmull wäre, könntet ihr gar der Königin eure Aufwartung machen. Und dabei den Versuch unternehmen, sie zu begatten – was allerdings scheißeschwer ist, dieweil das Nacktmullmännchen – anatomisch bedingt – immer wieder herunterrutscht.

Du siehst also: Das Leben eines Nacktmulls ist nicht annähernd so schön wie deins. Frag deinen Nachbarn.

KAPITEL VIII
HILFSPERSONAL
SEIEN SIE GEWISS, GUTER HERR: DIE SCHWIEGERMUTTER IST EIN ZWEISCHNEIDIGES PFERD!
DEM JUNGEN VATER WERDEN, OHNE DASS ER JE DARUM GEBETEN HÄTTE, ALLERLEI NUTZLOSE LEBENSWEISHEITEN VERABREICHT.

Warum früher alles besser war / Warum Großeltern überlebenswichtig sind / Warum nicht alle Großeltern zweckdienlich sind / Wie man durch Herabminderung des Anforderungsprofils in Einzelfällen selbst Großväter verwenden kann / Warum die Schwiegermutter jedoch die perfekte Traumbesetzung ist

Die Schwiegermutter«, warnte mich einst ein greiser Mann, »ist wohl ein zweischneidiges Pferd.« Dann blickte er mich verschwörerisch an, legte seine gichtigen Hände auf meine Schultern und ergänzte flüsternd: »Womöglich gar ein trojanisches. Gib mir mal einen Euro!«

Nun sollte niemand solch pauschale Verdikte zum Anlass nehmen, den Schwiegermüttern im Ganzen ihr Existenzrecht abzusprechen – gibt es doch viele Bereiche, in denen sie segensreich wirken, geradezu unentbehrlich sind. Überdies gibt es gewaltige Unterschiede zwischen Schwiegermutter und Schwiegermutter: Die Typenvielfalt ist nahezu grenzenlos. Doch ist hier nicht der Ort, um über die Schwiegermutter an sich zu räsonieren, geht es doch in unserem Zusammenhang allein um eine schlichte, unwiderlegbare Wahrheit, die sich in einen Satz fassen lässt: Wenn du das Glück hast, eine Schwiegermutter zu haben, so wirst du sie in Anspruch nehmen – müssen.

Begeben wir uns auf einen geschichtlichen Exkurs, betrachten wir doch einmal jene längst vergangene Zeit, in der es noch natürlich zuging: Wo etwa befand sich dein Ururgroßvater, als dein Urgroßvater geboren wurde? Womöglich ging er irgendwelchen belangvollen Männertätigkeiten nach, zum Beispiel der Branntweinvertilgung, von welcher er sich durch eine solche Banalität wie der Geburt eines Kindes selbstverständlich nicht abhalten ließ. Bei deiner Ururgroßmutter mögen die Dinge geringfügig anders gelegen haben: Sie war mit Sicherheit bei der Geburt deines Urgroßvaters zugegen, doch kaum, dass die Nabelschnur durch einen resoluten Axthieb getrennt war, warf Ururgroßmutter das Neugeborene zu den anderen des Sippenverbandes, in deren Masse es alsbald verschwand, um sodann wieder ihren belangvollen Frauentätigkeiten nachgehen zu können, etwa jener, Wackersteine vom Acker zu wälzen. Gut, von Zeit zu Zeit kehrte sie zurück, um das Kleine zu stillen (oder irgend ein anderes der vielen Kinder, sehen eh alle gleich aus, und es bleibt ja in der Familie). Ansonsten jedoch kümmerten sich irgendwelche Randexistenzen um das Kind – Randexistenzen, die altershalber zu belangvollen Tätigkeiten nicht mehr imstande waren: Großeltern, Großonkel, Großtanten, meistens wusste man eh nicht mehr so genau, welcher Kategorie der jeweilige Angehörige angehörte. Ja: Das waren die Segnungen des Sippen- und Generationenverbandes.

Von welchem heute allerdings nichts mehr übrig geblieben ist: In unserer Hochzivilisation hat sich die Sippe zu Kleinfamilien atomisiert. Und weil wir bekanntermaßen im Zeitalter der totalen Mobilmachung leben, ist es gar möglich, dass unsere Eltern und Schwiegereltern in ganz anderen, gemeinhin weniger schönen Regionen des Vaterlands leben als wir. Was sich eventuell als großes Übel erweist, ist doch gerade jetzt, da wir selbst in den Elternstand aufgerückt sind, unser Alltagsleben ohne Hilfspersonal kaum mehr zu bewältigen: Das Kind bedarf der Hege, welche gerade zu Beginn seines Daseins enorm aufwendig ist. Zudem gibt es da noch allerhand weitere Herausforderungen: Die Erwerbsarbeit ruft, der Haushalt ist zu führen, und schließlich bleibt da ja noch Vatis Branntwein, der nach wie vor vertilgt werden will. Kurzum: All das droht, die Jung-Eltern zu überfordern, also muss Hilfspersonal herbei.

Hier bieten sich als erste Wahl die Eltern und Schwiegereltern an, für die einiges spricht: Sie kosten nichts und klauen (im Allgemeinen) keine Wertsachen. So restituiert man auf Zeit wieder die Großfamilie, was Jungmama und Jungpapa gewisse Freiräume schafft, die sie auf vielfältige Art nutzen können, etwa dazu, nach langer Zeit mal wieder für ein paar Minuten zu schlafen.

Nun gilt es aus dem Bestand an Großeltern das richtige Subjekt auszuerküren. Im biologischen Sinne hat ein Kind maximal vier Großeltern; da wir aber in der Zeit postmoderner Sittenlosigkeit leben, kann es durchaus sein, dass Eltern sich scheiden ließen und neu liiert haben, sodass ein Kind im sozialen Sinne bis zu acht Großeltern haben kann. Das ist auf den ersten Blick eine imposante Zahl – sobald man aber das Kroppzeug aussortiert, schrumpft sie rasch zusammen: Großväter sind zu Beginn ihres Daseins in der Regel recht nutzlos, sie lassen sich allenfalls zu simpelsten Dienstleistungen heranziehen: Irgendetwas kaufen und herbeischaffen (Zettel schreiben! Deutlich schreiben! Gegenstand exakt beschreiben! Weg exakt beschreiben! Rückweg exakt beschreiben!), ansonsten können sie vielleicht noch Kinderwagen über kurze, übersichtliche Strecken geradeaus schieben – das war's dann aber. Ungleich leistungsfähiger sind Großmütter, wobei sich jene, die mit dem Enkel auch biologisch verbunden sind, meist als motivierter erweisen. Also bleiben zwei Kandidatinnen übrig: die Mutter deiner selbst – und jene deiner Frau.*

Betrachten wir zunächst deine Mutter: Zweifelsohne ist sie durchaus qualifiziert, mit Kindern umzugehen, immerhin hat sie ja gewissen Anteil daran, dass du so großartig geraten bist. Ja: Deine

* *Dieses Kapitel ist übrigens idealistisch – insofern, als es stillschweigend voraussetzt, dass Großmütter verfügbar sind. Leider leben wir jedoch, wie schon bemerkt, im Zeitalter postmoderner Sittenlosigkeit: Unsere Mütter kauern leider nicht mehr regungslos am Kohleofen, um dort auf Befehle zu warten. Stattdessen ereignen sich nicht selten Telefonate wie diese: »Mama, ich bin's, bei uns bricht alles zusammen. Kannst du morgen nachmittag für ein paar Stunden Emil übernehmen?« – »Aber Junge, du weißt doch, morgen kann ich den ganzen Tag überhaupt nicht, da hab ich doch meinen Skispring-Schnupperkurs!«*

Mutter ist eine erfahrene Mutter. Doch eben darin liegt das Problem. Denn deine Frau ist eine unerfahrene Mutter. Sie tritt gerade erst in den heiligen Tempel der Mutterschaft ein. Und was gibt es da Nervigeres als eine Alte, die ihr dabei vorangeht, ihr dabei die Sicht nimmt und ständig herumquakt: »Kindchen, gib mal her, das musst du doch so machen!«? Also: In der ersten Zeit eurer Elternschaft sollte deine Mutter ihre Auftritte dosieren. Am besten ist es, wenn sie für euch kocht (und zwar, wohlgemerkt, in ihrer Küche, nicht etwa in eurer), etwa ihren unnachahmlichen Hackpfüffel mit Paprotka-Sauce, und selbigen, hygienisch in ein Plastikgefäß verpackt, auf eure Fußmatte stellt, um sich daraufhin flugs zu entfernen. Als Zeichen der Anerkennung kann man ihr dann vielleicht durch das geschlossene Fenster kurz einmal hinterherwinken.

Bleibt deine Schwiegermutter. Selbige ist für gewöhnlich die beste Wahl, wenn es euch darum geht, Hilfspersonal zu rekrutieren – zumindest gilt dies in der Frühphase eurer Elternschaft. Für deine Schwiegermutter spricht, dass deine Frau eine gewisse Erfahrung im Umgang mit ihr hat (wie auch deine Schwiegermutter eine gewisse Erfahrung im Umgang mit deiner Frau hat). So mögen sie im Verlauf ihrer gemeinsamen Geschichte gewisse Demarkationslinien gezogen, gewisse Pufferzonen eingerichtet haben. Damit sei nicht gesagt, dass es nicht zu Scharmützeln käme: Auch deine Schwiegermutter neigt womöglich zu einem »Kindchen, das musst du doch so machen«-Dominationshabitus. Zudem weiß sie um ihre relative Unentbehrlichkeit und nutzt diese schamlos aus, indem sie sich für sämtliche Demütigungen der Vergangenheit rächt, und, Alter: Du weißt, das waren nicht wenige. So werdet ihr womöglich einem Dauerfeuer der destruktiven Kritik ausgesetzt: »Wie ihr eure Küche aufgebaut habt, das ist doch so was von unpraktisch, wie bin ich froh, dass ich hier nicht leben muss!«, »Warum kauft ihr denn diesen Apfelsaft, der ist doch aus Konzentrat rückverdünnt, das kann man doch nicht trinken, das ist ungesund!«, »Dass hier überall diese Comic-Hefte herumliegen, wie alt seid ihr eigentlich? Irgendwie seid ihr doch selbst noch Kinder! Ihr müsst jetzt aber Verantwortung übernehmen und endlich erwachsen werden!« – »Findest du diese Jacke eigentlich schön?« Und so weiter.

Doch das sind Stiche, die an der eisernen Rüstung deiner Seele abgleiten. Denn das Großartige an deiner Schwiegermutter ist, dass ihre Anwesenheit dein Verhältnis zu deiner Frau entspannt – kann diese dich doch nicht für die Untaten ihrer Mutter verantwortlich machen (gerechterweise kann sie dich ebenso wenig für die Untaten deiner Mutter verantwortlich machen, doch nichtsdestotrotz tut sie das permanent).

Du weißt aus bitterer Erfahrung: Wenn es zwischen deiner Mutter und deiner Frau zu Konflikten kommt, enden diese unweigerlich in deiner Zerstörung: Jede der Frauen versucht, dich gegen die Widersacherin zu instrumentalisieren. Egal, wie du dich entscheidest – du bist im Arsch. Wie viel schöner aber ist deine Lage, streiten sich deine Frau und deine Schwiegermutter: Keine der beiden käme je auf die Idee, dich da hineinzuziehen. So kannst du in Ruhe deine Comic-Sammlung sortieren, was du ja schon seit Langem vorhattest. Selbstverständlich kann es geschehen, dass sich Frau und Schwiegermutter temporär gegen dich verbünden: »Macht er das öfter?« – »Ja klar, immer wieder. ich habe ihm schon tausendmal gesagt, er soll es lassen!« – »Martin, warum machst du das? Das ist absolut widerlich!« Und so weiter. Doch das sind Stiche, die an der stählernen Rüstung deiner Seele abgleiten. Wichtig ist, dass es der jungen Mutter gut geht. Und, vor allem: eurem wundervollen Kind.

Zu diesem Behufe ist die Schwiegermutter unentbehrlich. Sie kann alles. Sie macht alles. Sie hilft, sie ordnet, sie wacht und kocht, sie wickelt, singt, streichelt, beruhigt, sie trocknet die Tränchen, sie wischt das Mündchen – übrigens nicht nur deines, sondern zuweilen gar jenes des Kindchens! Kurzum: Sie ist fantastisch! Wenn du es bisher irrtümlicherweise noch nicht getan haben solltest: Jetzt, als Vater, wirst du deine Schwiegermutter lieben!

KAPITEL IX

STREIT

IDEALERWEISE MÜNDET DER STREIT
ZWISCHEN JUNGELTERN DIREKT
IN DIE ZEUGUNG EINES GESCHWISTERCHENS.

Warum ich mir dein Verhalten keine Sekunde länger gefallen lasse / Warum der Beziehungsstreit die Königsdisziplin des Streitsports ist / Warum das Kind die Streitschwelle seiner Eltern in signifikanter Weise senkt / Wie durch den konsequenten Einsatz von Massenvernichtungsmitteln alles zu einem glücklichen Ende kommt / Wie man durch Streit das Miteinander findet

So – jetzt habe ich mir das lange genug angeschaut! Irgendwann ist auch meine Geduld zu Ende! Hör mal: Ist es dir eigentlich aufgefallen, dass ich hier die ganze Zeit schreibe, schreibe und schreibe? Ganz allein? Und was tust du? Irgendetwas? Hättest du vielleicht die Güte, auch mal etwas in dieses Buch zu schreiben? Nein? Offenbar soll ich schon wieder alles alleine machen. Offenbar ist sich der Herr zu schön für so etwas. Der Herr geruht zu ruhen. Und zu lesen. Typisch. Ich arbeite, bis ich nicht mehr kann, und der Herr ist gerade einmal imstande, ab und zu eine Seite umzublättern. Dass er sich dabei bloß nicht überanstrengt. Am besten sollte ich das wohl auch noch übernehmen, eh? Lesen, ja, das schaffst du vielleicht noch so gerade. Mehr schlecht als recht: Wenn du wenigstens aufmerksam lesen würdest! Aber du fliegst ja nur so über die Zeilen. Zum Beispiel auf Seite 52: Hast du eigentlich bemerkt, dass ich dort das Wort »Dominationshabitus« hingeschrieben habe? Weißt du eigentlich, wie lange ich nachdenken musste, um dieses Wort zusammenzukriegen? Ich hätte ja einfach auch »Machtansprüche« schreiben können. Aber nein, ich wollte es uns ein bisschen schön machen. Und du? Du hast kaum hingeschaut. Überhaupt, wie siehst du denn aus? Hättest du dich für mein Buch nicht mal etwas nett anziehen können? Ein schickes Oberhemd vielleicht, eine modische Krawatte? Aber nein. Es bin ja nur ich. Für so einen wie mich muss man sich ja offenbar überhaupt keine Mühe mehr geben. Der Doofe schreibt ja immer weiter, ganz von selbst. Wie bitte? Du hast 9,99 Euro für dieses Buch bezahlt, und da könnest du wohl erwarten, dass …?! Ja, klar, mit kleinen Almosen ist offenbar alles geregelt, nicht wahr? Dass es hier vielleicht auch um etwas Menschliches geht, bleibt dem Herrn leider verschlossen. Oh, ich könnte dich …!

So – genug des groben Unfugs. Ich wollte nur eben etwas authentische Streitatmosphäre kreieren. Jetzt sind wir bestens im Groove, eh?

Obenstehendes ist eine Standard-Attacke, präziser gesagt: eine blitzschnell geschlagene Rechts-Links-Kombination. Die rechte Faust sagt »Du tust weniger als ich …«, die linke sagt »… und du weißt das viele, was ich tue, noch nicht einmal zu würdigen!« Diese Kombination ist klassisch, sie ist einfach zu schlagen und aasig schwer zu verteidigen, mindestens eine der Fäuste kommt in der Regel durch. Freilich gibt es noch zig weitere Angriffsvarianten, das taktische Repertoire ist überreich, und allerorten wird an dessen Vervollkommnung gearbeitet. Die Königsdisziplin des Streitsports ist zweifelsohne der Beziehungsstreit, kommt hier doch alles zusammen, was große Sportmomente ausmacht: Die enorme Nähe der Kontrahenten zueinander – lieben sie sich doch. Die enorme Ferne der Kontrahenten voneinander – herrscht zwischen beiden doch das absolute Unverständnis: Hast du auch nur eine vage Ahnung davon, wie eine Frau funktioniert? Hat deine Frau auch nur eine vage Ahnung davon, wie ein Mann funktioniert?*

Zudem geht es im Streit zwischen Mann und Frau nicht um Bagatellen wie etwa die Frage, welcher Pizzabelag am besten mit viel Bier Pilsener Brauart harmoniert. Sondern um etwas Großes, Wunderbares: um euer gemeinsames Leben. Und dieses gemeinsame

Leben ist jetzt noch größer und wunderbarer geworden: Ihr habt ein Kind. Dadurch hat sich eure Bindung auf zauberhafte Weise intensiviert. Und dadurch wiederum haben sich auch eure Streitigkeiten auf zauberhafte Weise intensiviert.

Ich lasse mich zu der haltlosen Schätzung hinreißen, dass ihr in 98 von 100 Erziehungsfragen einer Meinung seid. Das ist ganz wunderbar – doch legt es dummerweise den Umkehrschluss nah, dass ihr in zwei von 100 Erziehungsfragen divergiert. Und Nämliches, mein Lieber, führt womöglich zum Streite:

Sie: »Hey! Wenn du ihm das immer wieder erlaubst, wird er sich unweigerlich zu einem verschlappten Schlapp entwickeln!«

Er: »Quatsch! Ganz im Gegenteil! Wenn ich ihm das verböte, würde er sich unweigerlich zu einem verschlappten Schlapp entwickeln!«

Sie: »Ach ja? Vermutlich willst du gar, dass er sich zu einem verschlappten Schlapp entwickelt, weil du selber einer bist!«

Er: »Das ist mal wieder typisch! Wie oft willst du mir mein neuliches Versagen beim Stabhochsprung denn noch vorhalten?«

Sie: »Offenbar hast du immer noch nicht verstanden, was du da getan hast! Und all meine Kränzchenschwestern haben es gesehen!«

usw.

** Die zweite Frage ist selbstverständlich durchweg rhetorischer Natur. Sie steht dort, damit das Ganze irgendwie schöner, symmetrischer aussieht: Natürlich weiß die Frau exakt, wie der Mann funktioniert, ist dieser an sich doch ein schlicht konstruiertes System: Ihm müssen gewisse Flüssig- und Festsubstanzen zu-, andere Flüssig- und Festsubstanzen abgeführt werden, dabei darf ruhig der Fernseher laufen – fertig. Jeder Versuch hingegen, die Frau auch nur ansatzweise zu verstehen, endet in völliger Aporie – übrigens auch, wenn die Frau ihn selbst unternimmt.*

Solche Streite werden zuweilen heftig, weil es hier um eine Frage elementarer Wichtigkeit geht – nämlich um jene nach dem Wohl eures allerliebsten Schatzes.

Der zweite streitverschärfende Faktor liegt aber in eurem ramponierten Nervensystem: Auf die Dauer sind sechs Stunden Schlaf einfach zu wenig, erst recht, wenn man sie nicht pro Nacht, sondern nur pro Woche hat. Dieser Umstand führt zu Gleichgewichtsstörungen, Trübungen des Urteilsvermögens, Deformationen der Gesichtsmasse – und vor allem zu erhöhter Reizbarkeit. Diese wiederum führt dazu, dass an sich alltägliche Flurbegegnungen mitunter dramatischen Wendungen nehmen:

Die Dame des Hauses hat des Nachts überhaupt nicht geschlafen, da das Kleine die ganze Zeit trinken wollte, aber nicht konnte, dieweil sein süßes Näschen verschnupft war. Auch der Mann wurde von den damit einhergehenden Inkommoditäten ein wenig in Mitleidenschaft gezogen, sodass er gleichfalls nicht ganz im Vollbesitz seiner nervlichen Kräfte ist. Nun spricht ihn seine vom Badezimmer zurückkehrende Gattin unvermittelt an, und zwar mit etwas animoser Note:

Sie: »Du findest Massenvernichtungswaffen doch supergut!«
Er: »Äh – wie bitte? Was bitte?«
Sie: »Du findest Massenvernichtungswaffen doch supergut!«
Er: »Hä? Das hab ich doch nie gesagt!«
Sie: »Klar hast du das nie gesagt! Und warum hast du das nie gesagt? Weil du völlig unfähig zur Kommunikation bist! Ich kann mich sogar mit dem Metzger besser unterhalten als mit dir!«
Er: »Mit dem Metzger? Sehr witzig! Dabei sieht doch gerade der total so aus wie einer, der Massenvernichtungswaffen gut findet!«
Sie: »Das ist mal wieder typisch! Eine völlig haltlose Unterstellung! Du kennst diesen Mann doch gar nicht! Und behauptest nun einfach, dass er Massenvernichtungswaffen gut findet. Diese unerträgliche Arroganz! Alle anderen sind minderwertig, nur du nicht!«

Er: »Moment mal: Ich hab nicht gesagt, dass er Massenvernichtungswaffen gut findet. Ich habe nur gesagt, dass er so aussieht wie einer, der Massenvernichtungswaffen gut findet.«

Sie: »Klar. Wunderbar. Menschen nach dem Äußeren beurteilen. Das ist ein enorm hoher moralischer Standpunkt.«

Er: »Der Metzger sieht doch wohl wirklich aus wie nichts Gutes, das steht nun einmal fest.«

Sie: »Ja und? Von dort aus gleich zu schließen, dass er Massenvernichtungswaffen gut fände, ist doch wirklich das Allerletzte!«

Er: »Nun, die alten Griechen gingen ja davon aus, dass das Hässliche ja grundsätzlich auch –«

Sie: »Klar. Großartig. Die alten Griechen. Ein Volk, das seine Frauen irgendwo zwischen Haustier und Hausmüll verortet hat. Klar, dass das deine großen Vorbilder sind.«

Er: »Darum geht es nicht. Es geht darum, dass Frau Scheinheilig mir haltloserweise unterstellt, ich fände Massenvernichtungswaffen gut. Und wenn ich dann sage, dass der Metzger so aussieht, als fände er Massenvernichtungswaffen gut, schreit Frau Scheinheilig laut ›Sünde, Sünde!‹. Du wirfst mir doch etwas vor, was du selber tust!«

Sie: »Ah! Ganz großartig! Welch prächtige Retourkutsche! Man sagt dem Herrn was, und der Herr kreischt ›Selber! Selber!‹. Wie alt bist du eigentlich? Fünf? Und du willst Vater sein?«

Und so fort. Ich erspare dir den weiteren Verlauf. Schließlich kulminiert dieser fabelhafte Streit darin, dass der Mann aus dem geöffneten Fenster auf die Straße schreit: »Jawohl! Ich fordere den sofortigen, allumfassenden Einsatz von Massenvernichtungswaffen!«, während seine Frau auf dem Küchenstuhl kauert, bitterlich weinend, und zwar völlig zu Recht: Dieser herzlose Holzeimer! Wie konnte sie sich von dem nur ein Kind machen lassen!

Du hast, geneigter Mitvater, bemerkt, dass es in diesem Streit um nichts ging als eben darum, zu streiten. Der Text ist absolut beliebig, die Kontrahenten hätten sich auch gegenseitig die Worte des wunderschönen, leider etwas aus der Mode gekommene Inuit-Kinderliedes *Atte katte nuwa* aufsagen können:

Sie: »Atte katte nuwa, emi!«
Er: »Sademi? Sadula misa de, Hexa!«
Sie: »Kola misa! Woate!!«

Und so weiter. Du siehst, der Gehalt des Streits hätte sich nicht im Mindesten verändert. Zweifelsohne liegt das Wesen solcher Streite auch nicht in deren Gehalt. Stattdessen dienen sie einzig dazu, gewisse körpereigene Stressprodukte biologisch abzubauen. Irgendwann wird ebendieses beiden Kontrahenten klar. Und folglich können sie, da nun ja frei von jenen garstigen Stressprodukten, eine kuschelige Versöhnung feiern. Arm in Arm empfangen sie dann das von den Nachbarn herbeigerufene Polizei-Spezialeinsatzkommando (»Ich höre, Sie lagern hier Massenvernichtungswaffen?«). Selbst die zertrümmerte Wohnungstür trübt das Wohlgefallen, welches die Jungeltern aneinander finden, nicht im Mindesten. Fröhlich lachend bittet man das Kommando hinein, kann man doch alles erklären. Bald schon legen die verständnisvollen SEK-Beamten, von denen manche ja gleichfalls Väter sind, ihre schusssicheren Westen, ihre Helme und Sturmhauben ab, um sich am geschwind aufgebrühten Kaffee gütlich zu tun, nur Mutti trinkt ihren Stilltee (mit viel gutem Bockshornklee) – der kleine Racker aber, dessen Näschen nun auf wundersame Weise frei geworden ist, trinkt fröhlich aus der Mutti. So hat ein kleiner, feiner Streit doch alles in goldene Glückseligkeit geführt.

Nun wäre es freilich etwas keck zu glauben, dass der Streit das Lebenselixier der Liebesbeziehung ist und man sich idealerweise alltäglich schon bei Sonnenaufgang duellieren solle – nee, zu viel ist nie gut. Aber andererseits bietet sich gerade in der Auseinandersetzung die Möglichkeit, wieder zusammenzufinden: Man schweigt für sich, man streitet jedoch miteinander. In diesem Miteinander liegt der Sinn des Streits. Dieses Miteinander ist wundervoll – und es ist durch ein gemeinsames Kind noch wundervoller geworden. So ist der beste Streit jener, der dieses Miteinander zelebriert – und dann in eine Versöhnung mündet, in deren Folge gleich noch ein weiteres Kind gezeugt wird.

KAPITEL X

DAS KIND SCHREIT! SCHREIT! SCHREEEIIIIT!

MANCHMAL SCHREIT ES, WEIL ES MÜDE IST, ABER NICHT EINSCHLAFEN KANN, DA SEIN SCHREIEN ES DARAN HINDERT.

Warum das Kind schreit / Warum das Kind auch schreit, ohne einen ersichtlichen Grund zu haben / Warum das Kind immer noch schreit / Warum das Kind jetzt sogar noch lauter schreit / Warum es auf die Dauer etwas belastend ist, dass das Kind schreit / Warum man das Kind über alles lieb hat, obwohl es nun schon seit einer Ewigkeit schreit / Wie du nun deinen Adrenalinspiegel elegant absenken kannst

Dein Kind, lieber Mitvater, schreit. Zwar schreit es nicht immer, manchmal aber schreit es. Möglicherweise schreit es just in diesem Moment – aber wenn dem so ist, dann schreit es irgendwo anders, außerhalb deiner Hörweite. Denn wenn es jetzt innerhalb deiner Hörweite schrie, könntest du diese Zeilen nicht lesen. Die Kunst des Schreiens nämlich, welche das Menschenkind im Laufe einer langen Evolution entwickelt hat, ist nahe der Vollendung. Wenn ein Kind schreit, ich meine: wirklich schreit, ich meine: echt schreit, sind dessen Eltern unfähig, irgendetwas anderes zu tun, als die Ursache, die das Kind schreien lässt, mit aller Kraft zu bekämpfen.

Wir stellen uns einen deiner Urahnen vor, wie er gerade damit beschäftigt ist, die Wände seiner Höhle mit Bildern zu verzieren. Dieweil übt das jüngste Kind draußen, an der gesunden frischen Luft, das Krabbeln. Plötzlich gellt ein Schrei auf. Jäh lässt dein Urahn den angekauten Zweig, welchen er an Pinsels statt verwendet, fallen und hastet hinaus – was ist passiert? Er kann gar nicht anders: Der Kindesschrei fokussiert deinen Urahn ganz und gar auf jenes kleine, seine Wesen, das ihn ausstieß. Draußen gewahrt er, dass sein Kind beim Krabbeln mit einem schlafenden Säbelzahntiger kollidiert ist, welcher folglich nicht mehr schläft, sondern faucht. Rasch bereinigt dein Urahn die prekäre Situation, mahnt sodann den kleinen Kruk zu größerer Vorsicht (Wo ist eigentlich seine Mutter? Schon wieder mit ihren Freundinnen joggen?), um schließlich an seine Arbeitsstätte zurückzukehren. Der Kindesschrei ist verklungen, nun kann man sich wieder anderen Dingen widmen.

Diese wundervoll unmittelbare Kommunikation zwischen Kind und Papa funktioniert auch heute noch. Nach wie vor ist der Kindesschrei der forderndste aller Klänge. Das liegt schon an seiner Physik: Das Kleine entfaltet einen ungeheuren Schalldruck, den es wiederum auf ein sehr enges Frequenzband komprimiert. So verhält sich der Kindesschrei zum Schrei eines Erwachsenen wie der Laserstrahl zur Taschenlampe. Und jener Kindesschrei dringt nun in deine Ohren, erreicht dein Gehirn und aktiviert den Kindesrettungsmechanismus. Du eilst zum Kleinen – was um Himmels willen ist passiert?!??

Doch freilich sind die Tage deines Urahnen längst vergangen. Unsere Zeit entbehrt der heroischen Weihe, so ist hier kein Säbelzahntiger mehr, dem du so lange in die Fresse hauen könntest, bis er Säbelzähne spuckte. Nein: deine Gegner sind nicht von der Art, die Ruhm verheißt. Womöglich musst du dich gar mit bloßer Luft auseinandersetzen, mit jener nämlich, die sich im Innern deines Kindes schmerzhaft angestaut hat, sodass es sie jetzt irgendwie zu ventilieren gilt, und zwar vermittels genau jener Techniken, die ich dir hier nicht schildern will, dieweil du sie längst schon kennst: Jede Hebamme empfindet eine maliziöse Freude dabei, sie dem jungen Vater ausführlich zu demonstrieren. Also spulst du nun das Entlüftungsprogramm ab – ohne Effekt, dein Kind schreit nach wie vor. Weiter in der Ursachenforschung: Kackawindel? Geruchstest negativ. Pipiwindel? Berührungstest negativ. Also in die Küche, Darreichung der Schlabberbrei-Schlampampe. Löffel wird unbarmherzig weggepatscht. Darreichung eines Fläschchens – jawoll, das war es: Durst.

Deutlich komplizierter (und mithin die Hohe Schule des Vaterdaseins) sind die diffusen Schrei-Ursachen. Diese kann man wiederum unterteilen, und zwar in die mäßig diffusen, etwa: Das Kindchen schreit, weil es einfach in den Arm genommen werden möchte. Oder es schreit, weil es müde ist, jedoch nicht einschlafen kann, weil es durch sein Schreien daran gehindert wird.

Und dann gibt es schließlich die völlig diffusen: Das Kindchen schreit, ohne dass du imstande wärest zu ergründen warum. Deine väterliche Intuition versagt, desgleichen die Trial-and-Error-Methode: Dein gesamtes Repertoire an Wohltaten bleibt ohne Wirkung – das Kindchen schreit. Leider kann es dir nicht sagen, warum es schreit, da sich die Sprache ja seiner noch nicht bemächtigt hat. Vielleicht gibt es ja auch keine Worte für den Grund, aus dem es schreit – wer maßt sich schon an, bis ins Letzte erahnen zu können, was sich in der wundervollen Seele eines wundervollen Kindes ereignet? Vielleicht ist das Schreien im Sinne unserer banal-kausalen Welterklärung »grundlos«, doch nichtsdestotrotz ist es da und wahr. Denn eines ist sicher: Das Kindchen schreit ja keineswegs, weil es dir auf die Nerven gehen will.

Aber, äh, irgendwie, bei aller Liebe, tut es gerade genau das. Ich kann es dir nachfühlen. Emil verfügte in seiner schreierischen Glanzzeit über einen reichen Schatz an gestalterischen Mitteln, der ihm gestattete, auch lange Darbietungen durchaus abwechslungsreich zu extemporieren. Im Dauerschreien scheidet sich der Stümper vom Virtuosen, und Emil war zweifelsohne ein Meister seines Fachs. Nicht, dass er seine Kunst oft ausgeübt hätte, nein, im Allgemeinen war er ein angenehmes, heiteres Baby. Doch wenn er schrie und sich dabei für die lange Form entschied, offenbarte er eine ans Geniale grenzende kreative Potenz, verbunden mit einem sicheren Instinkt für publikumswirksame Effekte.

Dieses Können ist auch erforderlich, stellen sich dem dauerschreienden Baby doch zwei Probleme. Erstens das der Kondition: Es gilt, mit seinen Kräften zu haushalten. Und zweitens das der

Abnutzung: Ist das Schreien zu monoton, stellt sich bei Vati der Montagehallen-Effekt ein – irgendwann nimmt er das Dauergeräusch einfach nicht mehr wahr. Beider Gefahren erwehrte sich Emil schon durch seine Phrasierungskunst: Mal nahm er sich über viele Takte in ein zartes Mezzopiano zurück (was Kräfte spart), um dann wieder jäh ins Fortefortissimo zu explodieren. Ebenso variantenreich war Emils Artikulation: Auf ein seierndes Legato folgte plötzlich ein synkopiertes Stakkatissimo. In jeder Hinsicht standen Emil imposante Mittel zur Verfügung; Vierteltöne, Vibrati, Generalpausen und was nicht noch – Mittel, die durchweg dazu geeignet waren, des Papas Aufmerksamkeit dauerhaft zu fesseln.

Es versteht sich, dass jener fürsorgliche, liebende Papa nichts unversucht ließ, seinen kleinen Goldschatz zu trösten. Papa nahm auf den Arm, Papa streichelte, Papa sprach sanft zu, Papa sang ein feines Liedchen, Papa schaukelte, Papa küsste, Papa machte lustigste Bewegungsspiele, Papa machte sich zum Vollidioten. Manchmal half all dies. Manchmal war Emil jedoch untröstlich.

So auch an jenem Tag, von dem ich nun erzählen will: Emils Unpässlichkeit war diffusen Ursprungs, irgendetwas oder alles zusammen war ihm nicht recht, man kennt solche Tage, auch als Erwachsener. Doch wenn der Erwachsene in seiner Qual verstummt, gab Emil ein Gott, zu schreien, wie er leidet. Diese Gottesgabe macht die Sache erträglicher. Für Emil. Nicht unbedingt aber für Papa.

Für diesen galt es nun vielmehr, dem Geschrei irgendwie standzuhalten. Das war einerseits ganz leicht: Ich liebte diesen kleinen Menschen über alles, ich liebte sein wunderschönes Gesicht, auch wenn dieses sich – wie jetzt – zu einer rotvioletten Maske des Unmuts verformte, auch wenn es von Tränen, Rotze und Schlotze versottert war, auch wenn seinem wunderschönen Mund nun Geräusche entkamen, die ich bis dahin nicht für menschenmöglich erachtet hatte.

Ich liebte diesen kleinen Menschen über alles, und ich wusste, dass er ja nicht etwa schreit, um mir auf die Nerven zu gehen, war er doch mitnichten böse, sondern leidend und hilflos. Ja: Ich liebte diesen kleinen Menschen über alles.

Aber – wie soll ich's sagen? – dieser kleine, über alles geliebte Mensch schrie nun schon fast eine halbe Stunde lang, und Nämliches hatte die banale, aber nicht zu negierende biologische Folge, dass irgendwelche Drüsen seit einer halben Stunde ohne Unterlass Adrenalin in meine Blutbahn ballerten. Ich war ein wenig angespannt, angespannt, angespannt, ich war wirklich ein wenig angespannt, angespannt, angespannt, ein wenig extrem angespannt, ich brauchte ganz dringend einen Säbelzahntiger. Am besten gleich zwei, dazu noch ein paar Dutzend Koboldmakis, die konnte ich sowieso noch nie leiden. »Martin will kämpfen!«, rief es mit grimmer Stimme in mir, »Martin! Will! Kämpfen! Martin!! Muss!! Kämpfen!!«

Nun hatte mein lieber Schatz eine kleine Schreipause eingelegt, ich strich ihm übers Köpfchen. Was hatte mir unsere Nachsorgehebamme geraten? In solchen Situationen solle man ins Nebenzimmer gehen, leise die Tür schließen, ein Telefonbuch ergreifen und selbiges mit aller Kraft auf den Boden schmeißen. Leider ist unsere Nachsorgehebamme ein wenig retro: Seit geraumer Zeit gibt es keine Telefonbücher mehr. Und die wenigen, die sich irgendwie erhalten haben, werden wahrscheinlich zu Wucherpreisen gehandelt; nur die allerreichsten Jungväter können sich eins leisten. Ich aber hatte kein Telefonbuch. Nur Adrenalin. Jede Menge gutes, feines, kochendes Adrenalin.

Emil hatte nun lang genug pausiert, mit einem merkwürdig schrillen Mikrointervall-Motiv zerfetzte er die Stille; machtvoll stach sein Schrei in meine Ohren und richtete in jenem wenigen, was noch zwischen diesen lag, die allerschwersten Verheerungen an. Ich ging im Zimmer auf und ab, zwei schnelle Schritte, Kehre, zwei schnelle Schritte, Kehre, zwei schnelle Schritte usw. Dabei spürte ich, wie das Menschliche aus mir wich und einer früheren Evolutionsstufe Platz machte.

Ich hörte, wie sich die Wohnungstür auftat, o welch wundervolle Wendung des Schicksals: Ein Etwas trat ein. Was immer es war – es war mir willkommen. Ob ein Säbelzahntiger, ob der Weltuntergang, es konnte ja nur noch besser werden. Hechelnd schaute ich nach. Das Eingetretene stellte sich als Frau heraus. Ich ließ mich auf alle viere nieder und beschnüffelte sie: riecht gut, gute Frau, feine Frau ... meine Frau, ach ja, richtig, ich habe eine Frau, Emils Mutter, wie heißt sie noch gleich? Wilma, genau.

Ich versuchte, meinen Zustand mit dünner zivilisatorischer Tünche zu tarnen:

»Wilma, übernimmst du bitte? Ich muss mal eben raus, etwas töten, ich meine: etwas frische Luft schnappen«, schon war ich an ihr vorbei ins Treppenhaus galoppiert. Draußen angelangt, beschloss ich, mich aufzurichten: Zum einen galt es, mich den anderen Zweibeinern ringsumher anzupassen, zum anderen merkte ich, dass ich mich so schneller fortbewegen konnte.

Schwer atmend stampfte ich Richtung Stadt, ein Zwölftonner krachte an mir vorbei – herrlicher, männlicher Lärm, kein Babykreischen mehr, gut so. Ich brauchte dringend Auslauf. Vor mir auf dem Gehweg schwache Wesen, schlechte Kämpfer, meiner nicht würdig: Großmütter mit Rollatoren, Oberschüler, kaufmännische Angestellte, Frauen, bunte Taschen tragend. Unnachsichtig brach ich mir Bahn. Immer weiter. Schneller. Schneller.

Dann hielt mich eine rote Ampel auf. Zornstrotzend starrte ich auf den nicht enden wollenden Strom der feindlichen Autos – man sollte sie sämtlich, zur Strafe für ihr bloßes Dasein, im Weißmeer-Ostsee-Kanal versenken, und zwar mitsamt ihrer feindlichen Fahrer. Ich nahm Kampfhaltung ein – dann rief ich mich zur Ordnung: Vielleicht war ich etwas unmäßig aggressiv? Hmmm ... womöglich sollte ich meinen kleinen Spaziergang etwas mehr genießen? Im Grunde ist doch alles verhältnismäßig gut. Früher allerdings war alles noch besser: Da hätte ein Mann meines Schlages jetzt ein Okapi in der Luft zerreißen können, einfach so, um seinen Hormonhaushalt zu sanieren. Vielleicht ist das ja ein verborgener Hintersinn des Babygeschreis: Der kleine Schatz lädt Vati energetisch auf, sodass dieser Höchstleistungen bei der Jagd vollbringen kann. Davon profitieren alle: das Kind, der Vati, die Mutti sowie die Evolution. Fein! Aber: Was macht der dekadente Großstadtmensch unserer Tage mit seinem Adrenalin? Kann er sich es einfach wegdenken?

Ich ging weiter, nun etwas gemäßigteren Tempos. Mit leichter Verwunderung gewahrte ich jedoch, dass sich die Finger meiner rechten Hand mit kleinen, rollenden Bewegungen rhythmisch zur Faust ballten. Ich sollte etwas dagegen tun. Aber was? Eine SMS riss mich aus meinen Überlegungen. Wilma hatte geschrieben: *Bist Du nun vollends vogelhaft, Mann? Mäßige Dich! Bring bitte 3-4 Pastinaken mit. Ich will Emil Pudding kochen.*

Pastinakenpudding. Wir leben in dürftiger Zeit. Ich will das nicht. Ich will Bäume ausreißen. Hier, in der Innenstadt, standen allerdings keine. Vor mir ein Blumengeschäft, vielleicht könnte ich hineingehen und dort irgendetwas ausreißen, vielleicht einen Biedermeierstrauß? Nach kurzer Abwägung entschied ich mich dagegen, bot sich doch eine bessere Option: ein Buchgeschäft: Hier würde ich Entspannung finden.

Ich stieß die Tür auf und trat ein. Der Buchhändler, hinter seinem Schreibtisch sitzend, war gerade mit einer Kundin beschäftigt, die vor nämlichem stand, man tauschte Freundlichkeiten aus – bitte sehr, geht es so, danke schön, selbstverständlich, es passt in die Handtasche, haha.

Mich ekelte es vor Freundlichkeiten aller Art, so marschierte ich in die hinteren Gefilde des Ladens, doch selbst dort ereilte mich noch das tirilierende »Tschühühüß« der Kundin, das »Ade« des Verkäufers – hat man denn nirgendwo seinen Frieden? Unversehens fand ich mich vor dem Militaria-Regal wieder: *Die schönsten Luft-Boden-Raketen unserer Heimat*, na bitte, es geht doch!

Als ich gerade im Begriff war, mich in dieses Werk zu versenken, wurde ich unsanft herausgerissen: Der Buchhändler hatte seinen

Laden durchquert, nun starrte er mich an, mit fragend geneigtem Haupt. Dann nickte er, wie plötzlich wissend, und fragte, wobei er seinen Mund zu der unerträglich blasierten Andeutung eines Lächelns verzog: »Was darf's sein?«

Das war zu viel. Das war einfach zu viel. Damit war eine Grenze überschritten. Ich blickte in sein Gesicht, welches mir die Verdichtung all dessen schien, was ich mein Leben lang bekämpft hatte und bis zu meinem Tod bekämpfen würde – o welch widerlich verwrackte seinsvergessene Kackfresse!

»Was darf's sein?«, imitierte ich sein Schleimgeseire, wobei ich meine Stimme in ungeahnte Höhen trieb, »180 Gramm Schlesische Wellwurst bitte, am Stück!«

Das Lächeln wich ihm nicht vom Gesicht, er blickte gleich einem japanischen Touristen, der den Petersdom fotografiert. So legte ich nach:

»Ich bin in einem Buchgeschäft, habe ein Buch zur Hand genommen und schaue hinein. Das ist es, was sein darf, besser: was offenbar nicht sein darf, da jetzt ja jener Herr hinzutritt, um eine ebenso alberne wie störende Frage zu stellen.«

Er schwieg weiter, und zwar auf eine ekelhaft gefällige Weise. Also drehte ich ein wenig auf:

»Vielleicht musste der Herr mir einfach mal zeigen, wie tüchtig, wie verdammt sensibel und hilfsbereit er ist. Womöglich will er mir ein wunderbares literarisches Gespräch aufzwingen. ›Hach‹, soll ich wohl sagen, ›ich suche Gedichte von unendlicher Zartheit, führen sie so etwas?‹ Wahrscheinlich schreibt der Herr in der Freizeit selbst Gedichte, so fragil, dass er sie nie jemandem zeigen würde, außer vielleicht einem ganz ganz lieben Menschen: ›In deinen Tälern wachte mein Herz mir auf, ach, wie ist die Welt so schön. Ziküth! Ziküth!‹ In eine Kladde trägt er sie vielleicht ein, mit feiner Hand, in eine Kladde mit grün marmoriertem Einband, ist es nicht so?«

Mittlerweile war ich ein wenig außer Atem geraten, doch nun konnte mich nichts mehr aufhalten, nicht einmal ich selbst:

»Alle grün marmorierten Kladden, alle Buchgeschäfte, am meisten aber dieses, müssen umgehend zerstört werden. Sofort eine Herde Indischer Elefanten hier durchtreiben, auf dass die hier alles mit Exkret verunreinigen, flächendeckend. Und dann noch eine Ladung Koprophagen, damit die das Elefantenexkret aufessen und dann erneut ausscheiden. Und dann eine Horde Koboldmakis, die das reexkretierte Exkret gleichmäßig in den Regalen verteilen, am meisten aber in jenem mit den schmalen bibliophilen, von Hand nummerierten zeitgenössischen Lyrikbändchen.«

Nun fiel mir nichts Gewichtiges mehr ein, was ich dadurch wettzumachen trachtete, dass ich einfach noch lauter schrie:

»Was es sein darf? He? Was es sein darf? Ganz einfach: Selbstzerstörung! Sofort! Los! Das ist ein Befehl!«

Damit aber war es offensichtlich, dass ich am Ende meiner Ausführungen angelangt war. Der Buchhändler hob die Augenbrauen, nickte verständig und legte sodann seine Hand auf meine Schulter:

»Es hat den Anschein, als habe Emil dich gerade etwas genervt, nicht wahr?«

»Ja«, gab ich ihm kleinlaut zu.

»Und, geht's jetzt besser?«

»Ja. Danke.«

»Nichts zu danken«, er geleitete mich zu seinem Schreibtisch, »du warst ja nicht schlecht. Ganz unterhaltsam. Zwar, wie immer, mit kleinen Schwächen in der Komposition, aber doch mit ein paar netten Einfällen. Deine Bestellung ist übrigens da.«

»Danke. Aber wegen gerade: Ich steh in deiner Schuld. Also, wenn Luise dich mal wieder vollschreit …« –

»… wie letzten Samstag, ja,«, unterbrach er mich, »genau deswegen steh ich wohl eher noch in deiner Schuld. Was macht dein Schienbein? Abgeschwollen?«

»Ach, nicht der Rede wert. Du hattest ja Sneakers an. Wenn es eine Hartsohle gewesen wäre, dann … aber Sneakers? Kein Problem. Du kannst immer wieder gerne zutreten.«

Ich nahm das Buch, zahlte, entbot ihm den Abschiedsgruß und ging. Ich fühlte mich vorzüglich. Ich liebe Buchgeschäfte! Was wären wir nur ohne sie? Doch besonders liebe ich dieses Buchgeschäft, dieses einzigartige, mit meinem lieben alten Freund darinnen. Jetzt war ich wiederhergestellt. Jetzt konnte ich die Pastinaken kaufen.

KAPITEL XI

KÖRPERSCHÄDEN

ES GIBT VIELE LUSTIGE METHODEN, SICH SCHMERZEN ZUZUFÜGEN.

Warum sich Kinderkrankheiten in erster Linie gegen Erwachsene richten / Gefahrenquelle Kind: Wie dich die pure Lebensfreude deines Lieblings aufs Schwerste beschädigen kann / Gefahrenquelle Spielzeug: Wie ein Kindertamburin auf dem nächtlichen Weg ins Badezimmer zur Todesfalle wird / Gefahrenquelle Vater: Wie Männer sich in Ausübung ihrer Vaterpflichten auf fantasievolle Art selbst zerstören

Es ist ja keineswegs so, als wäre man ein Vollidiot gewesen. Nee: Bevor man das Unterfangen Vaterschaft auf sich nahm, hatte man durchaus einen gewissen, wenn auch vielleicht etwas kargen Bestand an Kenntnissen hinsichtlich der Kinderaufzucht. So wusste man beispielsweise, dass Kinder mitunter ein wenig kränkeln: Schnupfen, Scharlach, Windpocken, Maroditis, Husten, starker Husten, Keuchhusten, Keuchhusten mit Rotznase, Erkältung, Kalokagathie, Fieber, Flutschi-Kacka und wie die Fachausdrücke noch alle heißen. Nun denn, hat man sich gesagt: Das gehört dazu, wie unangenehm es auch sein mag, und immerhin wird das Kleine doch einen Vater haben, der es liebt und umsorgt – auch und gerade, wenn es malade ist. Und man sah sich schon als Heilsbringer am Kinderkrankenbett, als hegenden, pflegenden Papi, der dem kleinen Schatz ein buntes Spielzeug schenkt, auf dass er wieder froh werde, und ihm dann die Brust mit duftiger Penicillin-Salbe einreibt, auf dass der dumme Husten verschwinde. Dann würde sich Papi befriedigt vom Kinderkrankenbett ab-, seinen übrigen Pflichten, womöglich gar Genüssen aber zuwenden können. Wir alle waren als Kind einmal krank, oder zweimal, und nur die wenigsten von uns haben unangenehme Erinnerungen daran. Also, hey: So schlimm kann es wohl nicht gewesen sein.

Und wirklich: Emils Schnupfen beispielsweise, der ihn mit kurzen Ruhepausen von Oktober bis Mai begleitet, tut seiner Lebensqualität keinen Abbruch – fröhlich lachend läuft der Junge durch seine kleine, heile Welt, wobei er stets einen grünlich schillernden Flatter-Wimpel aus Nasenrotze hinter sich herzieht. Dieser scheint ihn aber nicht im Geringsten zu stören: Sieh nur, wie fröhlich er um jenes Bett herumtanzt, in dem sein Papi darbt, den Kopf voller übelstem Sotter-Schleim, das Gehirn durch Fieber, Paracetamol und Ephedrin zerstört, »Emil«, röchelt der arme Papi seinem Söhnchen zu, »das Leben ist ein Jammertal!«, doch der Kleine hat keine Zeit, sich derlei Unfugsbekundungen anzuhören, gilt es ihm doch, aller Rotze zum Trotze, jeden köstlichen Augenblick seines Daseins zu genießen.

Denn dieses, mein Lieber, ist die schreckliche Wahrheit: Das gängige Repertoire an grippalen Infekten verarbeiten Kinder durchaus locker und elegant. Allerdings stecken sie sogleich ihre arglosen Eltern an. Und selbige liegen dann danieder, kraftlos, lustlos, leblos; unfähig, den alltäglichen Überlebenskampf zu bestehen.

Sehr populär sind in Kinderkreisen übrigens auch Durchfallerreger niederträchtigster Sinnesart, von welchen die Kleinen selbstverständlich ebenfalls gerne an ihre Eltern abgeben. Diese haben dann das Fun-DeLuxe-Doppelpaket-Gold: Erstens müssen sie mit dem Absturz ihres eigenen Verdauungssystems fertig werden. Und zweitens dabei auch noch Windeln austauschen, welche man seinem ärgsten Feind nicht wünscht. Oder, lass mich nachdenken: Doch, dem wünsche ich die.

Tja: Dass dein Kind allerlei Infekte ereilen können, wusstest du. Was die Welt dir jedoch verschwieg, ist der Umstand, dass diese Infekte auch dich heimsuchen werden – selbst die bösen Scharlach-Bazillen machen keinen Halt vor Erwachsenen. Dabei sind jene Erreger nicht die einzige Bedrohung von Papas körperlicher Unversehrtheit. Allerorten lauern die Gefahren: Zunächst einmal entfaltet das Kind selbst zerstörerische Kräfte. Beispielsweise hat Papa den Emil-Schatz soeben auf seinen Schoß gehoben, zum Behufe, ihm die kleinen Schühchen anzuziehen. Gekonnt greift Papa um den Jungen herum, zieht ihm das Söckchen gerade, schiebt das Füßchen in die Einstiegsöffnung, legt das Klettband um den Spann. Interessiert betrachtet der Junge, vornübergebeugt, was der Papa mit ihm alles macht – dann aber hat er einen großartigen Einfall, den er Papa umgehend mitteilen muss, so schnellt er hoch, »Papa! Papa!«, wobei sein Hinterkopf mit voller Wucht in Papas Gesicht hämmert. Papa sieht einen grellen Blitz, hört ferne Fanfaren und erkundigt sich verwirrt, ob das hier womöglich ein WM-Finale sei. Dann findet er langsam wieder in die Wirklichkeit, richtet sein Nasenbein provisorisch auf, damit es wieder einigermaßen originalgetreu zusammenwächst, und ist dann so weit repariert, dass er die wichtige Information verarbeiten kann, welche ihm sein Junge übermitteln wollte: »Papa, die blauen Schuhe, die hab ich mit der Mama gekauft, weil Blau, das ist meine Liebesfarbe!«

Derlei Zerstörungsakte werden dich immer wieder ereilen. Hacken werden deine Schienbeine blessieren, Ellenbogen deine Schneidezähne brechen, sei gewiss: Keiner deiner Körperteile wird sich fortan mehr in Sicherheit wiegen können. Eine Unterart dieser kindinduzierten Papa-Beschädigungen sind jene mutwilligen Attacken, die eigentlich nicht unbedingt mutwillig sind – will dein Kind dir doch* nicht wehtun. Es glaubt bloß irrigerweise, du wärest aus Carbonstahl hergestellt und hättest kein Schmerzempfinden. So kann man dein Haupthaar durchaus mal als Haltegriff benutzen, deinen Bauch als Trampolin. Letzteres hat übrigens einen noch höheren Unterhaltungswert, falls Vati gerade schläft.

Kommen wir schließlich zur dritten Kategorie der Zerstörungen: Vati zerstört sich selbst. Nämliches tut er, weil er plötzlich Funktionen ausüben muss, für die er nicht konstruiert ist. Genauer gesagt:

* *noch!*

Er muss Funktionen ausüben, für die er an sich schon konstruiert ist, aber er muss diese unter Umständen ausüben, welche ihm nicht vertraut sind. Beispielsweise ist Vati durchaus imstande, sich auf alle viere niederzulassen, ein wenig umherzukrabbeln und schließlich wieder aufzustehen. Zwar hat er diese Kunst seit längerer Zeit nicht mehr ausgeübt, doch er beherrscht sie nach wie vor. Was er künftig des Öfteren unter Beweis stellen muss: Der kleine Schatz wirft allerlei Dinge unter den Küchentisch, und nun ist es mitunter an Vati, jenen Kram zu bergen, was er mit ebenso kraftvollen wie geschmeidigen Bewegungen tut, wobei ihm jedoch irgendwie die Ausmaße der eigenen Tischplatte nicht recht geläufig sind, was final dazu führt, dass Vatis Kopf mit einer ebenso kraftvollen wie geschmeidigen Bewegung gegen massives Holz prallt, was wiederum bei Mami überbordende Heiterkeit auslöst.

Beliebt sind auch häusliche Unfälle wie: Vati schüttet die Nudeln ab und hält das Krabbelkind mittels seines Fußes auf Sicherheitsdistanz – was ihn jedoch körperkoordinatorisch ein wenig überfordert, mit der Folge, dass er seine Hand unter Zuhilfenahme des Nudelwassers pochiert. Sicherlich werden dir auch noch zahlreiche weitere Varianten der Selbstzerstörung einfallen. Probiere sie ruhig alle aus, es macht großen Spaß!

Der Fantasie sind keine Grenzen gesetzt, man kann des Nachts ins Tamburin treten, tagsüber beim Bobbycar-Anschieben gegen den Laternenmast laufen usw. Als bislang unerreichte Höchstleistung erachte ich aber das, was mein lieber Freund Hartfried eines Tages, begleitet von seinem noch lieberen, damals anderthalb Jahre alten Töchterchen Luise, darbrachte. Die beiden, Hartfried zu Fuß, Luise im Kinderwagen, hatten einen kleinen Frühlingsausflug zum Ufer eines renommierten westdeutschen Flusses unternommen. Nun aber war es Zeit, sich nach Hause zu begeben, sonst würde Mutti dolle schimpfen. Von fern sah Hartfried die Straßenbahn-Endhaltestelle und ebendort eine Straßenbahn, die sich langsam zur Abfahrt wandte. »Alala«, dachte er sich, »die krieg ich noch«, und begann zu laufen. Nun ist es so, dass mein lieber Freund ganz vorzüglich laufen kann, auf dem Zenit seiner Körperlichkeit war er gar dermaßen gut gelaufen, dass ihn die Jugendabteilung des FC Schalke 04 zu einem Probetraining gebeten hatte. So beschleunigte er nun, fiel in schnelle, ausgreifende Schritte, bot ein Bild herrlich viriler Dynamik – bis einer jener Schritte auf das linke Hinterrad des Kinderwagens traf, mit der Folge, dass der beteiligte Fuß zunächst ein Geräusch (»Krkpfrf!«), dann aber ein Schmerzsignal von sich gab. Folglich fiel mein lieber Freund zu Boden, wobei es ihm zuvor gottlob noch gelungen war, den Kinderwagen samt seiner kleinen Luise sicher zum Stehen zu bringen. »Aua!«, rief mein lieber Freund nun, auf dem Bürgersteig liegend, und einmal mehr: »Aua!« Glücklicherweise eilte eine ebenso rüstige wie hilfsbereite Seniorin herbei, und dieser gelang es, sowohl meinen lieben Freund als auch dessen Tochter samt dem Kinderwagen in die Straßenbahn zu wuchten, deren freundlicher (ja: so etwas gibt es wirklich) Fahrer die Abfahrt ein wenig verzögert hatte, sodass nun alles gut war, abgesehen davon, dass mein lieber Freund beim Blick herab an sich gewahrte, wie sein linker Fuß völlig beziehungslos von seinem Knöchel herabhing, was wiederum mit einem anhaltenden Schmerzzustand (»Aua! Aua! Aua!«) einherging. Mein Freund rief seine Frau an (»Warum sprichst du so komisch? Hast du wieder getrunken?«) und beorderte sie an den Hauptbahnhof. Dort nahm sie Luise entgegen, welche das ganze Geschehen mit heiterer Anteilnahme verfolgt hatte. Mein lieber Freund jedoch arbeitete sich wurmgleich zu einem Taxi vor, welches ihn hierauf in die Uniklinik brachte. Dort diagnostizierte man, dass sämtliche Bänder des linken Fußes in kleine Stücke gerissen waren. Was zur Folge hatte, dass mein lieber Freund über Monate auf Krücken angewiesen war. Was wiederum großartige Practical Jokes ermöglichte, wie etwa jenen, ihm das Weinglas wegzunehmen und es in einem anderen Zimmer hoch oben auf den Schrank zu stellen – Practical Jokes, die ich selbstverständlich nicht zu oft ausübte. Aber auch nicht zu selten. Ich würde sagen: genau in der richtigen Häufigkeit.

KAPITEL XII

AUFSICHTSPFLICHTEN

WENN MORITZ NICHT BALD DIE EINGEFORDERTEN FISCHSTÄBCHEN MIT SCHOKOSAUCE BEKOMMT, WIRD ER ZU ALLEM FÄHIG SEIN.

Warum es absolut entspannend ist, ein Vater zu sein, solange man noch keiner ist / Warum es etwas weniger entspannend ist, ein Vater zu sein, sobald man einer ist / Wie man souverän damit umgeht, dass ein Kind den Wohnbereich verunreinigt / Warum Frau Siebenschläfer den Eindruck erwecken könnte, suizidgefährdet zu sein / Wie man ein wundervoller Vater ist, Erfolg im Beruf sowie Pipi an den Händen hat und nebenher noch seine Vergangenheit bewältigt

Der verantwortungsvolle Mann spielt zunächst alle Szenarien des Vaterseins akribisch durch, bevor er sich dann, gemessenen Schrittes, dem empfänglichen Schoß seiner Gattin nähert. So war es immer, so wird es immer sein. Auch ich hatte selbstverständlich vor dem Vollzug Überlegungen jedweder Art angestellt: Wie würde es sein, wenn …? Etwa: Wenn ich tagsüber mit dem Kind alleine wäre? Nun, ich sah mich in einem Lehnstuhl sitzen, endlich würde ich Zeit und Muße haben, die großen Romane des 19. Jahrhunderts zu lesen. Von Zeit zu Zeit würde ich meinen Blick vom Buche heben, um mein Kind zu betrachten, welches, still zu meinen Füßen sitzend, damit beschäftigt sein würde, die quadratischen Holzklötzchen in die quadratische Öffnung zu stecken, die runden aber in die runde, und beides mit allerkleinster Fehlerquote. Von Zeit zu Zeit würde das Kleine ein »Papi lieb!« piepen, doch nicht allzu oft, sonst würde es vielleicht unglaubwürdig werden und den Lesefluss stören.

Tja, was soll ich sagen? Exakt ist es auch gekommen, na ja, vielleicht nicht »exakt«, aber ziemlich, mit kleinsten Modifikationen. Zunächst hatte Emil eine ungefähr 25-prozentige Erfolgsquote bei dem lehrreichen Holzklötzchenspiel, und das bei insgesamt vier

Versuchen. Dann wurde ihm das Zeug zu langweilig, was ich in gewisser Hinsicht verstehe – was sind schon Klötzchen, verglichen mit den Wundern der Welt?

Und deren gibt es viele, durchaus auch in einer schlichten Mietwohnung. In einer nämlichen, nämlich der unseren, befand ich mich an jenem Tage, von dem ich nun erzählen möchte, um dir einen Anhalt dessen zu geben, was dich womöglich erwartet.

Ein alter, auswärtiger Freund Wilmas heiratete, und dabei wollte sie zugegen sein – was mir nicht ganz einsichtig war, da der alte Freund meines Wissens ja nicht Wilma heiratete, sondern eine andere Frau, aber was soll's: Wilma insistierte, und da ich ein moderner, den Bedürfnissen der Frau zuweilen aufgeschlossener Mann bin, ließ ich Wilma gehen und übernahm Emil für volle zehn Stunden in meine väterliche Obhut.

Diese zu gewähren würde mir leichtfallen, hatte ich doch ansonsten nichts zu tun – alle notwendigen Arbeiten waren erledigt, einzig ein Telefonat stand an: Es war ein kleiner Job in Aussicht, nicht interessant, aber äußerst lukrativ. Man hatte mich Herrn Bullmann, Exekutiv-Offizier einer namhaften Agentur, empfohlen, und jener würde mich heute irgendwann anrufen. Das Telefonat würde mich nicht vor nennenswerte Anforderungen stellen, waren die Bedingungen doch bereits festgelegt, ich müsste bloß an der richtigen Stelle »Selbstverständlich! Sehr gerne!« sagen, und das kann ich recht gut.

So küsste ich Wilma zärtlich zum Abschied, schloss die Wohnungstür, nahm Emil an die Hand, geleitete ihn in sein Zimmer und holte meinen Lehnstuhl, das Mobil-Telefon sowie eine zauberhafte Dünndruck-Ausgabe von Stifters *Nachsommer* herbei. Dann öffnete ich das Fenster, auf dass ein wenig linde Septemberluft einströme, und hob an zu lesen:

»Mein Vater war ein Kaufmann.« – Ah! Welch Hochgenuss, welch herrliche Prosa! Und weiter: »Er bewohnte einen Teil des ersten Stockwerkes eines mäßig großen Hauses in der Stadt, Papa, ich will auch ein Buch« – das Letzte war freilich nicht mehr Stifter, sondern Emil.

»Dann nimm dir doch eins.«

»Neiiiiiin«, rief Emil, und zwar eindringlich; der Junge war behend an mir heraufgeklettert und hatte seinen Mund in unmittelbare Nähe meines Ohres platziert, »du musst mir mein Buch holen!«

»Emil«, ich beschloss, pädagogisch zu sein, »du kannst es dir doch selbst holen.«

»Neiii-ii-iin!«

»Gut«, ich beschloss, nicht mehr pädagogisch zu sein, »ich hole es dir. Welches Buch?«

»Das mit dem Autoooo!«*

Emil kletterte von mir herab, was eine gewisse Erleichterung darstellte, dieweil er mit einem seiner Füße auf meinem Zeugungsapparat gestanden hatte, und wies mit seinem vor Enthusiasmus zitternden Ärmchen auf die große gelbe Plastikkiste, in welchem die Bilderbücher aufgestapelt waren. Ich stand auf, trottete hin und ließ mich auf die Knie nieder. »Das mit dem Autoooo« war eine wenig

* *Dieses kleine unscheinbare Wörtchen »nein«, welches Emil hier in die Konversation wirft, ist übrigens von geradezu bombastischer Bedeutung für den Umgang zwischen Vater und Kind: Du führst das »nein« zunächst frohen Mutes in eure Beziehung ein, um dein Kind daran zu hindern, sich selbst oder seine Umwelt zu zerstören (»Emil! Nein! Nicht an der Tischdecke ziehen! Herrje! Das schöne Meißner aus dem späten 19. Jahrhundert! Nein! Um ein Haar!«). Selbstverständlich bleibt der pädagogische Effekt nicht aus: Dein Kind lernt … nämlich, dass »nein« ein wundervolles Machtwort ist. So beginnt es seine Autarkie-Phase, indem es immer und zu allem »nein« sagt. Darüber solltest du dich dolle freuen, zeigt es doch, dass dein Kind Persönlichkeit entwickelt. Am schönsten ist es für einen Vater, wenn sein Kind gleich mehrere Persönlichkeiten entwickelt: »Emil, willst du noch hierbleiben?« – »Nein.« – »Gut, dann gehen wir jetzt weg.« – »Nein!!«*

Diese Verneinungsverneinungen sind übrigens noch harmlos, verglichen mit dem, was danach kommt: dem Warumismus. »Emil, morgen ist Sonntag.« – »Warum?«. Der Warumismus wird dich an deine Grenzen führen. Du wirst überlegen, ob du ein neues Leben beginnen solltest, und zwar auf einer Ölförderplattform im Polarmeer. Vieles spricht dafür.

hilfreiche Beschreibung; ungefähr jedes zweite Bilderbuch dieser Welt hat irgendwo ein Auto in sich. So wühlte ich seine Bestände durch, was ein wenig dadurch erschwert wurde, dass Emil mittlerweile rittlings auf mir Platz genommen hatte, wobei er jedes autohaltige Buch, das ich ihm hinhielt, mit einem gellenden »Neiiiin!« quittierte.

»Emil«, ich mühte mich um Deeskalation, »welches Buch mit dem Auto meinst du denn?«

»Ich meine natürlich« (er sagte in der Tat »natürlich«) »das Buch mit dem Auto und mit Bobo!«

Diese Information vereinfachte die Suche sehr: Dunkel erinnerte ich mich an ein Bobo-Buch, in dem Auto gefahren wird. Dieses galt es nun zu finden ... hier: *Bobo Siebenschläfer ist wieder da*! Ich blätterte es kursorisch durch, doch das Autoähnlichste, was mir dabei unterkam, war ein Flugzeug, gefolgt von einem Schlitten, der wiederum direkt ins Weihnachtsfest fuhr, was saisonal jetzt so gar nicht passte. Also galt es die Suche fortzusetzen, welche jedoch zunehmend anstrengender wurde, dieweil ich einerseits Büchermassen aus der großen, gelben Plastikkiste zu heben hatte, andererseits Emils Gewicht auf meinem Rücken balancieren musste, was mir der üble Range nach Leibeskräften erschwerte, indem er wild umherwippte – hier, der nächste Bobo-Band ... allerdings, trotz wiederholtem Durchblättern: autofrei.

Folglich musste die Autogeschichte im dritten Bobo-Band sein. Dieser war allerdings nicht in der großen, gelben Plastikkiste, demzufolge irgendwo anders. Langsam richtete ich mich auf, in der Hoffnung, dass Emil sanft meinen Rücken herab gleiten würde, der kluge Knabe jedoch hatte Halt in meinen Haaren gefunden, was in ihm unbändige Heiterkeit, in mir jedoch eine äußerst unangenehme körperliche Empfindung auslöste: »Emil! Entkühne dich! So entkühne dich doch bitte! Lass ab!«

Ohne zu warten, ob der Junge meine Anregung aufnähme, sank ich wieder herab auf alle viere, wo es mir tatsächlich gelang, das Problem, welches Emil hieß, auf den Fußboden abzuwälzen. Sodann fasste ich seine Fingerchen und entfernte sie mit sanfter Gewalt aus meinem Haupthaar. Auf die Dauer wurde der Tag ein wenig anstrengend.

»Papa, das Buch mit dem Auto und mit Bobo!« Emil wusste, was er wollte, und diese Beharrlichkeit ist ja zweifelsohne löblich. Der Junge wird es im Leben weit bringen. Ich aber beschloss, die Suche systematisch anzulegen: Infrage kam der gesamte umbaute Raum unserer Wohnung, freilich – wie bereits gesagt – mit Ausnahme jener großen, gelben Plastikkiste.

Das Dinge-Suchen zählt zu den Kerndisziplinen des Vaterseins, also konnte ich bereits auf einen gewissen Erfahrungsschatz zurückgreifen. Doch ehrlich gesagt: Im Grunde sind alle Suchtechniken irgendwo unzulänglich. Als probateste aller hat sich noch die Einfühlungs-Methode erwiesen – es gilt, sich in das gesuchte Objekt hineinzuversetzen: Wenn ich ein Bobo-Buch mit Auto wäre – wo würde ich mich wohl verstecken? Ich dachte nach. Dann kam mir die Erleuchtung. Zielstrebig eilte ich in die Küche, öffnete die Schiebetür unter der Spüle und fand … Spülmaschinen-Tabs, ein Lappensortiment, einen Tupperdosendeckel (rechteckig, abgerundete Kanten, »Made in Greece«), noch mehr Lappen, eine leere Dose Möbelwachs (Eiche dunkel), etwas Alufolie, einen Lappen, eine vergessene Zahlungserinnerung und kein Bobo-Siebenschläfer-Buch.

»Papa, das Buch mit dem Auto und dem Bobo!«, mahnte hinter mir ein Kinderstimmchen, noch konziliant im Klange, doch das trog: Wenn Emil nicht bald sein Buch bekäme, würde er zu allem bereit sein.

»Pass auf, Emil«, nun galt es zweierlei: das Buch zu finden und zu gewähren, dass der Junge etwas lernt, »du musst deine Sachen immer dorthin legen, wo sie hingehören. Dann findest du sie immer wieder, wenn du sie brauchst. Verstehst du das?«

»Ja«, sagte mein verständiger Junge, »Papa, das Buch mit dem Auto und dem Bobo!«

»Genau. Das wollen wir jetzt gemeinsam suchen. Du suchst es in deinem Zimmer, und ich schau mal in den anderen.«

Zunächst warf ich einen Blick in Wilmas Boudoir, dessen Boden mit Kleidungsstücken bedeckt war, welche im letzten Moment noch verworfen worden waren (Wieso hatte sie eigentlich drei BHs anprobiert? Ewiges Rätsel Frau.). Die weitere Durchsicht brachte allerlei, aber keinen Bobo zutage. Also weiter. In meinem Arbeitszimmer herrschte – wie immer – Zucht und Ordnung, aber kein Bobo. Im Badezimmer beseitigte ich einige Fremdkörper (Wilmas Wildlederstiefel), ohne aber Bobo zu finden. Auch eine Untersuchung des Speisekämmerchens blieb ohne Ergebnis – wenn man den Fund einer CD nicht als solches bezeichnen will: Sie war hinter das Regal gerutscht und trug die kryptische, von unbekannter Hand geschriebene Bezeichnung »onroP VII«. Ich beschloss, dieses Rätsel demnächst in einer Mußestunde zu lösen, galt es nun doch allein, Bobo zu finden.

Plötzlich durchfloss mich Eiseskälte: Emil!

Er war absolut unhörbar, und es ist, wie wir wissen, stets ein böses Zeichen, wenn das Betriebsgeräusch des Kindes ausbleibt. Ich hastete in sein Zimmer – wo ich ihn dabei antraf, wie er in stummer Konzentration seine wertvolle D-Panthenol-Popopaste auf dem wollenen Flor seines Spielteppichs verteilte.

»Emil!«, rief ich ihn zur Ordnung, ließ »onroP VII« fallen und entriss ihm die Tube, was er merkwürdig gelassen hinnahm: In derlei Situationen hat er immerhin ein Unrechtsbewusstsein, geht allerdings davon aus, dass er straffrei davonkommen wird – womit er recht hat, das kluge Kerlchen, Kind seines Vaters. Dieser wiederum stand jetzt vor, besser gesagt: mitten in dem Problem der großflächig verteilten Popopaste. Was tun? Es gab zwei Möglichkeiten: entweder irgendetwas darüber legen und vor Wilma so tun, als wäre mir der Vorfall komplett entgangen. Oder mit Bürste und Biff, Bim oder Burti oder wie immer das heißen mag den Wollteppich entschleimen. Ich fühlte mich stark zur ersten Lösung hingezogen, also entschied ich mich sicherheitshalber für die zweite, man hat ja seine Erfahrungen. Leider fand ich weder Biff noch Bim noch Burti noch sonst etwas mit gleichermaßen krankem Namen, also nahm ich kurzerhand Wilmas Beauty-Shampoo, dazu noch ihre Nagelbürste, eine Schüssel Wasser und ein paar Meter Küchenrolle. So gerüstet, ließ ich mich auf die Knie nieder. Mein Blick fiel von unten auf Emils Kinderbett, wo ich ein Buch entdeckte, zwischen Matratze und Lattenrost geklemmt: Bobo!

»Emil, siehst du«, sagte ich, »wenn man nur systematisch sucht, findet sich alles wieder!« Stolz übergab ich ihm das Buch, was auch dringend vonnöten war, dieweil er sich derweil an Stifters *Nachsommer* schadlos gehalten hatte, mit der Folge, dass auf diesem erhabenen Dichtwerk nun allerlei popopastöse Fingerpratzen prangten. Vielleicht, so dachte ich, wäre es ganz gut, zunächst Emils Hände zu reinigen, bevor ich mich dem Teppich widmen würde. Muss ich an dieser Stelle sagen, dass es allmählich sehr anstrengend wurde? – Ja? Muss ich? Tatsächlich? Gut: Allmählich wurde es sehr anstrengend.

Das Telefon tönte, verdammt, gewiss Herr Bullmann. Volle Konzentration! Einhändig fixierte ich Emil, dessen kriminelle Energie zweifelsohne wieder im Steigen begriffen war, anderhändig nahm ich das Gespräch an und sagte mein »Ja, bitte?« in jenem Tonfall, mit dem ich üblicherweise den Eindruck erwecke, ein freundlicher Mensch zu sein.

»Guten Tag, Herr Berke, mein Name ist Melanie Soundso vom Soundso Service-Consult Service«, genauer genommen sagte sie nicht exakt dieses, sondern irgendetwas Sinnverwandtes, aber ich kann mir ja unmöglich jeden Scheiß merken, »Sie wissen, dass Sie Monat für Monat dem Staat Geld schenken?«

»Jawohl, das weiß ich«, Emil versuchte, seine Freiheit wiederzugewinnen, »und das ist durchaus in meinem Sinne, man muss dem Staat auch mal etwas schenken, sonst denkt er, dass ihn keiner mehr lieb hat, und kommt auf die schiefe Bahn, und das will doch keiner, und außerdem freut sich der Staat doch immer so schön, wenn er was geschenkt kriegt!«, auflegen, Badezimmer, Emils Hände zunächst mit Toilettenpapier abschmieren, dann waschen. Zurück zum Spielteppich, wo ich etwas Luxus-Shampoo auf die angefeuchtete Bürste gab und sodann mit sanft federnden Bewegungen in den Flor rieb. Ich freute mich ganz enorm an der üppigen Schaumbildung, wusste ich doch, dass nun die langen Kohlenwasserstoffketten des Luxus-Shampoos in die Fette der Popopaste eindrangen, diese wunderbar aus dem Wollflor herauslösten, sodass es nur noch der schließlichen Einsaugwirkung der Küchenrolle bedürfen würde, um den Teppich wie neu erstrahlen zu lassen. Dieses ging auch prächtig vonstatten, jedenfalls in der Theorie. Die Praxis blieb etwas dahinter zurück, irgendwie verschmandeten Beauty-Shampoo und Popopaste unter meinen Bürstenstrichen zu einer freudlosen Masse, welche dem Teppich verhaftet blieb, aller Küchenrolle zum Trotz. Ich überlegte: Sollte ich den Schmand eintrocknen lassen, um ihn dann mit dem Staubsauger mühelos beseitigen zu können? Selbstverständlich war mir klar, dass dieses nie funktionieren würde. Doch war es ja nicht die Frage, ob es funktionieren würde – sondern ob es mir gelingen würde, Wilma glaubhaft zu machen, dass ich geglaubt hätte, es könnte funktionieren. Dann nämlich würde Wilma mich einen Dummkopf schelten und – im Vollgefühl ihrer hausfraulichen Überlegenheit – den Teppich mit Biff, Bim oder Burti aufwandslos entschmanden. Damit wäre allen geholfen, zuvorderst dem Teppich. Aber auch mir, war ich doch unter der Dauerbelastung Emil mittlerweile etwas müde und des Bürstens überdrüssig geworden.

So gab ich Emil seinen Bobo, platzierte ihn auf ein geschwind ausgebreitetes Kuscheldeckchen, nahm selber auf dem Lehnstuhl Platz sowie meinen nach D-Panthenol duftenden Stifter zur Hand … wo war ich stehen geblieben? Ach ja, beim zweiten Satz, hoffentlich komm ich wieder rein: »Er bewohnte einen Teil des ersten Stockwerkes eines mäßig großen Hauses in der Stadt, Papa, lies mir Bobo vor!«

»Sohn!«, sprach ich im Ton sanften Tadels. »Papa ist sehr müde. Papa will sich etwas ausruhen. Papa will sein Buch lesen. Du kannst dir in dem Bobo-Buch die Bilder ansehen. Such doch mal das Bild, auf dem Bobo zu sehen ist, wie er Auto fährt!«

»Papa, lies mir Bobo vor!«

»Sohn … gut. Ich lese dir ein wenig Bobo vor, aber danach darf ich wieder mein Papa-Buch lesen, einverstanden? Dann spielst du mit Lego, ja?«

»Ja«, sagte Sohn.

»Wirklich?«

»Ja.«*

Zwar wusste ich, dass solche mündlichen Absprachen überhaupt keine juristische Bedeutung haben, aber, hey: Immerhin war es mein Sohn. Also kroch ich auf die Kuscheldecke und las ihm jene Bobo-Geschichte vor, in welcher Bobo zusammen mit seinen Eltern nach Hause fährt. Bobo sitzt mit seiner Mama auf der Rückbank. »Mama liest Bobo eine Geschichte vor. Bobo macht ›Brmm‹.« Dem zugehörigen Bildchen war zu entnehmen, dass Frau Siebenschläfer ihrem Bobo aus einem Bobo-Buch vorliest, was mich kurz, wie an-

* *An dieser Stelle sollte ich dir sagen, dass es durchaus Gegenentwürfe zu meiner Art gibt, mit dem Kind umzugehen. Ebenso gibt es durchaus Gegenentwürfe zu Emils Art, mit dem Vater umzugehen. Ich verweise in diesem Zusammenhang auf meinen lieben Freund und pädagogischen Abgott Herrn Tolot. Wenn Herr Tolot auf sein Töchterchen Alma aufpassen muss, geht dieses wie folgt vonstatten: Erst spielen die beiden Fangen, und zwar nach Herrn Tolots Regeln. Dazu nimmt dieser auf seinem bequemen Lehnstuhl Platz und beginnt, sein Buch zu lesen. Alma umkreist ihn in sicherem Abstand. Alle Minute sagt Herr Tolot »Ha!« und streckt vergeblich seinen Arm nach Alma aus, was bei dieser heftigste Glückszustände auslöst. Wenn Alma sich müde gelaufen hat, spielen die beiden Verstecken: Alma versteckt sich, und zwar bevorzugt unter dem Glastisch. Dort freut sie sich eine Dreiviertelstunde darüber, dass ihr Vater sie nicht findet. In der folgenden Dreiviertelstunde ruft sie von Zeit zu Zeit »Ich bin hier!« und freut sich, dass ihr Vater sie immer noch nicht findet. Dann ist sie müde, und Herr Tolot trägt sie zu Bett.*

gesichts eines unendlich abgründigen Abgrunds, erschaudern ließ: Liest Frau Siebenschläfer Bobo etwa aus ebenjenem Buch vor, in welchem sie Bobo vorliest? Was ist Wirklichkeit? Offenbar zerbricht auch Frau Siebenschläfer an dieser Frage, denn auf dem nächsten Bild sieht sie nach meinem Dafürhalten selbstmordgefährdet aus, was ihren Bobo (»Brrmm«) jedoch überhaupt nicht interessiert, ist er doch damit beschäftigt, mit seinem Spielzeugauto an der rechten Brust seiner Mutter entlangzufahren.** Diese Kinder! Meines ließ jetzt übrigens in der Aufmerksamkeit nach. Ich streichelte ihm sein liebes Köpfchen, klappte das Buch zu und kippte den Lego-Eimer aus: »Hier! Bau doch mal einen Turm!« Das musste ich ihm schon deshalb anheimstellen, weil ein Turm das Einzige war, was er bauen konnte.

Kaum dass ich mich wieder einigermaßen im Lehnstuhl installiert hatte, schreckte mich das Telefon auf. Beherzt griff ich zu – eine unbekannte Nummer! Los, Konzentration, wahrscheinlich Herr Bullmann, tatsächlich Herr Bullmann: »Bullmann! Herr Berke! Ich grüße sie!«

Bei derart rodomontierenden Gesprächseröffnungen lege ich normalerweise sofort auf, aber hier ging es um Geld, viel Geld, also gab ich mich begeistert: »Guten Tag, Herr Bullmann!« Nun faselte Herr Bullmann allerlei wirres Zeug, und zwar aus einem fahrenden

** *Das ist zumindest meine unmaßgebliche Interpretation des betreffenden Bilderbuchbildes. Selbstverständlich aber solltest du dir selbst ein Bild machen: Osterwalder, Markus: »Bobo Siebenschläfer macht munter weiter«. Reinbek 2013. S. 106-(125). Hier: S. 115 – An dieser Stelle sei unbedingt gesagt, dass ich mich zur Fraktion der Bobo-Liebhaber zähle: Die frühen Bilderbücher sind einfach großartig, weil in ihnen auf eine äußerst anheimelnde Weise nahezu gar nichts geschieht. In dieser Hinsicht mögen sie Stifter ähneln, welchen ich – aus besagten Gründen – leider nie gelesen habe. Andere, mir bekannte Väter hingegen haben allergrößte Vorbehalte gegen Bobo. Kinderbücher polarisieren – wobei du das Pech haben könntest, dass dein Kind genau jene in sein liebes Herz schließt, die dir den Lebenswillen rauben.*

Auto heraus, hier und da gab er mir Gelegenheit zu unterstützenden Grunzlauten, welche ich auch beflissentlich hervorbrachte. Zudem musste ich darüber wachen, dass mir inmitten all des Unsinns keine etwaig relevante Information entginge. Dieses erforderte doch eine gewisse Aufmerksamkeit, welche durch Emil, der tatsächlich einen Turm aus zwei Legosteinen gebaut hatte, die übrigen aber nun gegen den Eimer warf, ein wenig beeinträchtigt wurde. Also verließ ich das Kinderzimmer, grunzenderweise. Im Bad fand ich Ruhe, außerdem suggerierte ich mir, dass in der dasigen Akustik mein Grunzen vielleicht gar noch sympathischer klänge. Herr Bullmann aber wurde zunehmend unleidlicher, offenbar stahl ich ihm zu viel seiner kostbaren Zeit, also kam er zum Ende: »Vor allem kommt es uns auf die seriöse Tonalität an. Die Tonalität des Textes. Niveauvoll. Glaubwürdig. Aber auch gut zu lesen. Seriös. Wollen Sie das machen? Bis nächste Woche Mittwochmittag?«

Nun war es Zeit für meine Glanzrolle, ich schloss die Augen: »Selbstverständlich! Sehr gerne!«

Herr Bullmann entrang sich noch ein »Gut!«, dann verabschiedeten wir einander, und zwar äußerst seriös, zwei Profis in ihrem Metier.

Geschafft! Geld! Erleichtert ließ ich das Telefon sinken. War da noch was? – Ach ja, Emil! Ich riss die Badezimmertür auf, lief in den Korridor, blickte ins Kinderzimmer: Kein Sohn zu sehen. Stattdessen drangen merkwürdige Laute aus meinem Arbeitszimmer. Ich eilte dorthin – und erstarrte.

Seit Langem, lieber Mitvater, begleitet mich eine Schreibtischlampe auf meinem Lebensweg, genauer: eine Artemide Telogono aus dem Jahr 1968. Sie muss viel Schweres erlebt haben – was genau, weiß ich nicht, schweigt sie doch darüber. Zuletzt hatte sie wohl auf der Straße gelebt, denn dort, auf einem Sperrmüllhaufen, entdeckte ich sie eines Nachts. Sie rührte mein Herz, so nahm ich sie mit heim. Seither fühle ich mich verantwortlich für sie. Wie du sicherlich weißt, ist die Telegono seinerzeit von Vico Magistretti entworfen worden, als einer der ersten Gebrauchsgegenstände aus ABS-Kunststoff. Selbiger ist stabil, aber nicht unzerbrechlich. So habe ich die Lampe knapp nach Emils Ankunft vor diesem in Sicherheit gebracht: Seither steht ihr edel geschwungener Körper auf meinem Schreibtisch, unerreichbar für die forschen Händchen meines Sohnes. Doch konstruktionsbedingt verlässt ein Kabel jenen Lampenkörper, um sich vom Schreibtisch herab Richtung Steckdose zu schlängeln. Und jenes Kabel wurde jetzt, in diesem Moment, von zwei Kinderhändchen umfasst: Mit kleinen, ruckenden Bewegungen zog Emil daran, wobei er ein fröhliches Liedchen improvisierte, dessen Text zur Gänze aus »Prüüüt-Prüüüt-Prüüüt« bestand, und bei jedem »Prüüüt« rückt die Telegono ein Stück näher an den Abgrund, welcher sich jenseits meiner Schreibtischplatte auftut.

Was tun? Ich rechnete hoch: In drei schnellen Sprüngen hätte ich bei der Lampe sein können. Doch als erfahrener Vater wusste ich: Emil wäre schneller gewesen. Und hätte mit einem finalen »Prüüüüüüt« sein Zerstörungswerk vollendet. Ein lautes, strenges »Nein!« würde ihn erschrecken – was mir in dieser Situation egal wäre, der Telegono aber womöglich nicht: Emil könnte sie auf seiner Flucht ins Verderben reißen. Also musste ich auf Zeit spielen.

»Emil … weißt du: Gewalt bringt doch überhaupt nichts. Es gibt immer eine Lösung. Für alles.«

Beruhigend breitete ich die Arme aus … und tat einen langsamen Schritt Richtung Schreibtisch – was Emil sofort mit einem »Prüüüt« quittierte. Nun hatte die Telegono nur noch Zentimeter zu leben.

»Emil … was willst du? Willst du Geld? Ich gebe dir Geld. Viel Geld!«

»Prüüüt!«, sagte Emil.

»Mein Junge, wie wär's mit einem Becher Schokoladenpudding? Leckerer, süßer, ungesunder Schokoschlabber? Mmmmmhhhmm! Aber du musst die Lampe loslassen.«

Emil nahm seine Hände vom Kabel. Er hielt inne.

»Komm, wir gehen zusammen in die Küche.«

Trotz meiner einladenden Gesten verharrte er. Ich machte einen Schritt auf ihn zu – das hätte ich besser nicht tun sollen, denn sofort griff der Unhold wieder nach dem Kabel. Die Telegono erzitterte. Ich auch.

»Pass auf: Du lässt die Lampe los, dann gehe ich in die Küche und hole dir einen leckeren Schokoschleim, ja?«

Ich überlegte, ob ich ihm noch anbieten sollte, mich bis auf die Unterhose zu entkleiden, um ihm zu zeigen, dass ich unbewaffnet sei, verwarf diesen Gedanken aber rasch als albern.

Erneut nahm Emil seine Hände vom Kabel. Ich ging rückwärts in Richtung Küche, wobei ich beruhigend gestikulierte, ohne recht zu wissen, wie das geht: beruhigend zu gestikulieren. Nun war ich um die Ecke, mithin außerstande zu sehen, was Emil machte. Es musste schnell gehen: Kühlschrank, Schokopudding, Schublade, Löffel, zurück. Emil harrte meiner, regungslos. Langsam schlich ich, den Schokopudding präsentierend, auf ihn zu: »Mjam! Mjam! Mjam! Der leckere Schokoschleim … will in den Emil hinein!«

Der Junge fixierte mich. Langsam zog ich den Aludeckel vom Becher, dann stellte ich ihn zu Boden – so, dass Emil, um ihn zu erreichen, einen Schritt weg von der Lampe machen musste. Und er machte diesen Schritt, griff sich den Becher; ich sprang zur Telegono, stabilisierte ihren Stand mit einer tollkühnen Bewegung, welche Emil wiederum derart faszinierte, dass er den soeben aufgehobenen Becher umgehend fallen ließ, wobei ein gewisses Quantum Schokoschleim auf den Linoleumboden abging, was freilich zu verschmerzen war. Ich hob den Becher empor, in dem sich noch ein erklecklicher Rest befand, dann hob ich Emil empor, um ihn an den Küchentisch zu spedieren, auf dass er dort esse und davon absehe, meinen heiligen Boden weiter zu verunreinigen. Im Gehen gewahrte ich ein merkwürdiges Glitsch-Gefühl, das ursächlich auf Schokoschleim unter meinem Hausschuh zurückzuführen war.

Am Küchentisch assistierte ich Emil dabei, den noch verwendungsfähigen Teil des Schokoschleims in seinen Mund zu spachteln. Dann wollte er trinken. Ich langte hinter mich, griff die Saftflasche am Verschluss und zog diesen an mich, was unerwartet leicht vonstattenging, dieweil sich die Flasche unterwegs absentierte. Nach kurzem Freiflug detonierte sie auf dem Boden – ich werde mein Leben beschließen, ohne je eine Frau gehabt zu haben, die imstande gewesen wäre, eine Flasche ordnungsgemäß zuzuschrauben: Alle, die je willens waren, mich zu lieben, legen den Verschluss auf und drehen ihn dann vielleicht um 45 Grad, damit er so eben ins Gewinde fasst. Irgendeine rätselhafte Macht aber hält sie davon ab, weiterzudrehen. Diese Erkenntnis machte mich ein wenig müde, sodass mich die anschließende Wisch- und Kehr-Arbeit unmäßig anstrengte. Immerhin zeigte Emil mir eifrig, wo noch Scherben lagen. Zur Belohnung bekam er etwas Mineralwasser, Saft war ja nicht mehr.

Zurück im Kinderzimmer, fiel der klägliche Rest, der von mir noch geblieben war, in den Lehnstuhl. Stifter? Nein. Das würde mich jetzt zu sehr aufregen. Ich wollte einfach nur mit einem imbezilen Gesichtsausdruck ins Leere starren, und genau das tat ich auch. Von fern drangen Geräusche in mein Bewusstsein, anscheinend warf Emil jetzt Legosteine gegen sein Kinder-Tamburin. Recht so, mein Junge. Doch leider ließ er allzubald von dieser schönen Tätigkeit ab. Die eingekehrte Stille zwang mich dazu, der Wirklichkeit ins Auge zu sehen: Emil hatte hinter seinem Kinderbettchen jene stehende Position eingenommen, die er immer einnimmt, wenn … ich ließ ihn gewähren, dann erhob ich mich unter Mühen, brachte meine Nase in die Nähe seiner Windel und nahm eine organoleptische Analyse vor: boah, yes aber auch!

Ich wuchtete Emil auf den Wickeltisch, um die notwendigen Sofortmaßnahmen zu ergreifen. Checkliste abarbeiten, alles griffbereit? Neue Windel, feuchte Einwegtücher, Plastikbeutel … wo war die D-Panthenolcreme? Ach ja, ich stand mittendrin. So zog ich

Emil aus der Latzhose, knöpfte seinen Body auf, löste den Klettverschluss der Windel. Mit der Linken fixierte ich seine Beine, mit der Rechten rollte ich das kackaquellende Hygieneprodukt gekonnt auf ein Mindestmaß zusammen, um es sicher im Plastikbeutel verstauen zu können. Kaum hatte ich dies getan, regte sich das Telefon in der Brusttasche meines Hemdes – hatte Herr Bullmann noch etwas Unwichtiges vergessen? Rasch reinigte ich Emil vom Ärgsten, dann intonierte ich mein »Ja, bitte?«.

»Hallo Martin. Hier ist Claudia.«

Des zweiten Satzes hätte es nicht mehr bedurft. Schon die Art, auf die sie meinen Namen sprach, dieses einst so oft und seither nie wieder gehörte »Martin«, zerbrach eine Felswand in mir, aus welcher sich dann ein warmer, zur Quelle hin gar schmerzlich heißer Gefühlsstrom ergoss: Claudia!

Einst waren wir vereint gewesen, einst, zu einer Zeit, da mehr Leben in uns wallte, als wir je ertragen konnten, zu einer Zeit, da wir nach dem Schmerze gierten, nach jenem des anderen wohl, doch mehr noch nach dem eigenen, zu einer Zeit also, da wir nichts weiter waren als die dramatische Inszenierung unserer selbst. Ich hatte sie geliebt, diese wunderbare Frau, sie mich womöglich auch, doch lieh uns diese Liebe eine Ruhe, die wir nicht wollten, so schlugen wir sie entzwei, auf jenen seltsam exaltierten Partys im klammen Gemäuer von Abbruchhäusern, auf Partys, die in Besinnungslosigkeiten endeten, wenn nicht in Schmerzensschreien. Dann zog sie fort, studierte irgendwo, ich dergleichen, irgendwo anders. Wir verloren uns.

Nun ist es nicht so, dass ich mich seither nach ihr verzehrt hätte, nein: Wohl hat sie ihren Ort in dem, was ich mein Leben nenne, und wird ihn für immer behalten. Gegenwärtig aber ist eine andere Frau, und zwar auf durchweg wundervolle Weise. Dennoch war da stets ein Pochen hinter der Felswand gewesen: Wie hatte Claudia das Dilemma gelöst? Wie ging es ihr? Vielleicht wollte ich ihr auch sagen, dass manches mir leidtut, auf dass es ihr besser gehe, mehr noch: auf dass es mir besser gehe mit der Erinnerung an all das, was sich nicht vergessen lässt. So hatte ich einem alten Bekannten, von dem ich wusste, dass er sie mitunter sah, gelegentlich meine Telefonnummer überlassen, verbunden mit der Bitte, sie ihr zu lancieren. Das war mittlerweile ein Vierteljahr her – und jetzt rief sie an. Jetzt. Mein Herz schlug. Mit der Rechten hielt ich das Telefon ans Ohr, mit der Linken bewahrte ich den ungewindelten Emil davor, vom Wickeltisch zu fallen.

»Martin«, sagte Claudia, »ich wollte immer, immer mit dir sprechen, weil du in mir noch so mächtig bist. Und ich wollte nie mehr mit dir sprechen, weil du noch so mächtig in mir bist.«

»Claudia ... ich freue mich sehr, dass du mich angerufen hast. Ich hab so oft an dich gedacht.«

In diesem Moment begann Emil, vielleicht da er meiner Rührung gewahr wurde, eine lustige Pipi-Fontäne aufsteigen zu lassen. Ich warf das Telefon auf den Wickeltisch, riss eine Windel aus der widerspenstigen Plastikverpackung und mühte mich, den warmen Urinstrom irgendwie einzudämmen, was mir leidlich gelang, allerdings weniger vermittels der Windel als vielmehr kraft meiner nackten Hände. Nun legte ich meinen Kopf aufs Telefon, um Claudia hören zu können, was mir allerdings nur fragmentarisch gelang: »... deshalb musste ich es dir sagen, also ich musste nicht, aber ich wollte, es war gewaltig, eben weil es gewaltsam war, und ich ...«

Ich war mir nicht ganz sicher, ob Emil mittlerweile aufgehört hatte, Pipi hervorzubringen. Die notdürftig und eben deshalb falsch herum angeflanschte Windel troff, desgleichen meine Hand, die sie hielt. Ich brauchte Aktionsfreiheit, deswegen versuchte ich, das nach wie vor auf dem Wickeltisch liegende Telefon mittels meiner Nase auf »Freisprechen« zu stellen, was mir jedoch irgendwie, trotz heftigster körperlicher Anstrengung, nicht recht gelingen wollte. So legte ich erneut das Ohr ans Gerät, gerade rechtzeitig, um Claudias Frage zu vernehmen:

»Martin, warum stöhnst du denn so?«

»Weil ich gerade versuche, das Telefon mit meiner Nase auf ›Freisprechen‹ zu stellen.«

»Und warum versuchst du das?«

»Weil ich gerade sehr viel Pipi an den Händen habe.«

Claudia schwieg eine Zeit lang. Dann sagte sie, etwas frostig: »Ich rufe dich am besten später noch einmal an.« Dann, und jetzt klang sie ganz nach gefährlichem Blitzeis: »Vielleicht so in 30, 40 Jahren!«

»Claudia? Hallo? Moment, ich bin gleich – hallo?«

Sie hatte aufgelegt. Immerhin gab mir das die Möglichkeit, Emil wieder herzurichten – ich grabbelte ein Handtuch aus der Schublade, trocknete meine Hände, legte dem Buben eine fabrikneue Windel an, sanierte den Wickeltisch von überflüssigem Pipi und fand langsam wieder zu mir selbst: Claudia hatte angerufen. Nach all den Jahren. Nun hatte ich ihre Nummer im Speicher. Heute Abend würde ich sie zurückrufen, die kleine Irritation beseitigen und dann mir ihr sprechen ... über all das viele, was war.

»Sollen wir eine Birne essen, mein Sohn?« Ich musste auf andere Gedanken kommen.

Emil trappelte in die Küche, wobei er ein Liedchen sang, in dem es möglicherweise um ein Krokodil aus Afrika ging. Ich folgte ihm, nahm eine Birne aus dem Korb, hielt sie unters Wasser und schnitt sie dann in kleine Stücke. Claudia. Nach all den Jahren. Verdammt: Ich konnte mit der Beseitigung jener Irritation nicht bis zum Abend warten. Dann nämlich würde sie sich in ihr verfestigt haben. Seit jeher hatte Claudia zu Versteinerungen geneigt. Ich musste die Sache dringend klären, solange sie nicht gänzlich petrifiziert war. In Emils Gegenwart zu telefonieren empfahl sich nicht, hatte der Junge doch genügend Tücke, um alles, auch das Erhabenste, mit seinem Unfug zu farcieren. Aber eine SMS, eben schnell, das würde funktionieren:

»Emil, Schatz, iss mal schön das Birnchen zu Ende, ich bin gleich wieder da.«

Wo war mein Telefon? Ach ja, noch auf dem Wickeltisch. Anrufliste … hier, dann tippte ich: *Der Urin an meinen Händen war selbstverständlich nicht mein eigener, sondern jener meines Sohnes.*

Irgendetwas stürzte in der Küche zusammen – schnell: »Senden«, dann rannte ich rüber: »Emil?!«

Der Schurke hatte von der Birne abgelassen, um die offen stehende Klappe der Spülmaschine als Sprungbrett zu benutzen, was, wie mir auf den ersten Blick offenbar wurde, zu schwersten Verformungen der Federscharniere geführt hatte, von den Kollateralschäden im Porzellanbestand ganz zu schweigen: »Emil! Nein!! Nein!!!«, rief ich meinem selbstverständlich völlig intakt gebliebenen Sohn zu. Das dritte »Nein!!!!« aber galt mir selbst, ich lief zurück zum Telefon und schaute nach, richtig – ich hatte die SMS an Herrn Bullmann geschickt: *Der Urin an meinen Händen war selbstverständlich nicht mein eigener, sondern jener meines Sohnes.*

Es war alles ein bisschen viel geworden. So tat ich das einzig Vernünftige: Ich lief ins Badezimmer, kauerte mich unter dem Waschbecken zusammen, barg mein vor Schweiß wie Tränen nasses Gesicht in den Händen und piepte »Papi lieb! Papi lieb! Papi lieb!«

Dann war ich allein mit all meiner Müdigkeit und dem Ticken der Badezimmeruhr: Zwei Stunden, 40 Minuten waren geschafft. Es blieben noch sieben Stunden, 20 Minuten. Was soll's? Weiter!

Ich stand auf, um nach Emil zu schauen.

KAPITEL XIII
VATI, DER VERSAGER
ES RIECHT SO, ALS HABE NOAH VERGESSEN, SEINE WINDELN ZU WECHSELN, EH?
DAS KLEINKIND HAT EINEN SICHEREN INSTINKT DAFÜR, WELCHER ELTERNTEIL DER LEISTUNGSFÄHIGE IST.

Warum von Telefonaten mit der eigenen Mama die allergrößte Gefahr droht / Wie Mama damals all ihre Kinder perfekt versorgt hat / Wie Mama nebenher noch perfekt in Haushalt und Beruf war / Wie Mama nebenher noch ganz alleine die Sechste Armee aus der Luft versorgt hat / Wie man Mama-Mythen auf ihren Wahrheitsgehalt überprüft / Wie man sich wiederherstellt, nachdem Mama einen demontiert hat / Warum Mama doch die Beste ist

Endlich, endlich kam Wilma zurück; ich schob ihr Emil zu, ließ mir die Übergabe quittieren und zog mich, auf der Suche nach ein wenig Ruhe, ins Private zurück. Kaum hatte ich ein wenig Ruhe gefunden, so wich sie wieder von mir, vertrieben vom Rufton des Telefons. Herr Bullmann? Claudia? Bitte sehr. Danke schön. Guten Morgen. Gute Nacht. Ich kann alles erklären. Es besteht überhaupt kein Anlass zu vorschnellen Verurteilungen. Beflissen griff ich nach dem Gerät, welches jedoch prompt meiner ebenso kraft- wie gefühllosen Hand entglitt und zu Boden fiel. Da ich zu erschlafft war, es aufzuheben, legte ich mich kurzerhand daneben und äugte vorsichtig auf das Display. Oh: meine liebe Mama. Selbstverständlich nahm ich sie an, bin ich doch ein braver Junge und für meine liebe Mama stets erreichbar: »Hallo, meine liebe Mama!«

Gar nichts Besonderes wollte meine liebe Mama, nur ein wenig erzählen, was sie in der Folge auch tat. Ich ließ mich vom warmen Strom ihrer lieben Stimme berieseln und erfuhr manch Wissenswertes aus der Heimat, so etwa, dass Frau Platowitz bald eine Flugreise nach Florida antreten würde, was mich vorübergehend mit reger Anteilnahme erfüllte – bis ich gewahr wurde, nicht die geringste Ahnung zu haben, wer und warum Frau Platowitz war.

Schließlich hatte Mama ihr Repertoire abgesungen, so wandte sie nach einer kleinen Zugabe (Wetter, nasskalt, gar nicht schön, hoffentlich bald besser) das Gespräch in meine Richtung: »Und du? Wie geht's dir?«

»Ach, weißt du, ich hab heut den ganzen Tag lang Emil gehabt, ich bin echt ein bisschen kaputt.«

»Wovon? Von dem Jungen?«

»Ja sicher. Der war heute wieder extrem vital.«

»Ach ja?«

Verdammt. Da war es: Nämliches »Ach ja?«, mit dem sie mich seit jeher in Tragstarre versetzt. Für Fernstehende mag jenes keck angespitzte »Ach ja?« vielleicht nach Interesse klingen, nach Anteilnahme gar. Doch je näher man ihm kommt, umso spröder wird sein vermeintlicher Wohlton, umso mehr weist sich das wahre Wesen jenes »Ach ja?« – heißt es doch im Grunde etwa so viel wie: »Hast du sie nicht mehr alle? Wer bist du überhaupt? Wir sind doch hoffentlich nicht verwandt?« Nämliches »Ach ja?« zählt zu Mamas vorzüglichsten Machtmitteln. Es hat verheerende Wirkung. Kein Wort, kein Anspruch dieser Welt, ganz gleich, wer ihn ausspricht, überlebt die Begegnung mit Mamas »Ach ja?«.

Und nun hob sie an darzulegen, dass ich nicht im Mindesten das Recht hätte, von meinem Kind ermüdet zu sein. Perfiderweise erklärte sie dies nicht direkt, sondern auf raffiniertem Umweg. Womöglich hätte ein Fernstehender ihr Plädoyer gar als aufmunternd, als Mut machend empfunden. Ich aber stand ihr verdammt nah.

»Na, weißt du«, sprach die Frau Mama, »ich hatte damals drei. Das war auch nicht immer leicht. Und ich hatte noch meinen Beruf. Ich weiß noch, damals, als wir umgezogen sind, da waren deine Geschwister noch ganz klein, und du noch im Bauch, ich war ja im siebten Monat, und Papa war ja unterwegs, mal wieder auf irgendeiner Konferenz, da musste ich das praktisch alles alleine machen, und ich hab das auch geschafft, die alte Wohnung noch besenrein gekriegt, das Treppenhaus gewischt, in der neuen Wohnung die Lampen aufgehängt, und zwar ohne Leiter, die war ja kaputt, das große Regal zusammengeschraubt, diesen Raumteiler mit dem Palisanderfurnier, die Betten aufgestellt, der Große konnte ja nicht in die Schule wegen der Mittelohrentzündung, und gekocht für alle hab ich selbstverständlich auch …«

»… und nebenher hast du ja noch ganz alleine die Sechste Armee aus der Luft versorgt …«, warf ich haltlos ein.

»… deine Schwester aß damals ja nur Möhrenbrei, nichts anderes, der Große wollte immer Hühnchen mit Reis und Soße, und dann ist der Waschmaschinenschlauch ja auch noch abgesprungen, und der ganze Keller stand unter Wasser, mit Aufnehmer und Eimer hab ich alles weggemacht, das war eine Arbeit, das war manchmal ziemlich turbulent, aber dann hab ich doch immer alles geschafft.«

Ja. All das hat Mama geschafft, und wie! Mama hat alles geschafft, ja, immerzu – ich aber, ich? Ich breche schon unter der Last eines Legosteins zusammen. Duplo zwar, aber dennoch! Ich schaffe gar nichts, ich vermag überhaupt nichts, ich bin ein Nichts, ein nichtendes Nichts, ach je, ach je, ach jemine: Wie konnte ich nur ein Kind zeugen? Wie konnte ich nur? – Nun, das war nicht schwer, ich steckte einfach meinen … ach was.

Und Mama sprach weiter, von damals, als ihr Tagwerk doppelt so groß war wie Alaska, doch stets heiter ihr Sinn. Von damals sprach sie, als es gar so viele Dinge noch gar nicht gab, die heute das Leben zum bequemen, reibungslosen Dahingleiten machen, »und glaub ja nicht, dass wir damals schon diese ganzen Apparate und Automaten hatten, diese Mikrowellen und Sterilisatoren und die Wasserkocher, wo man nur die Temperatur einstellen muss, und diese vielen Fertiggerichte, die es heutzutage gibt«, nein, als wir so klein waren, wie Emil jetzt ist, gab es überhaupt nichts auf der Welt, und alles, selbst das Essen, musste meine Mama mühsam per Hand herstellen, was wir ihr mit Dauerdiarrhoe dankten. Ja: All das hatte ich nun anzuhören, und je größer, je schöner, je herrlicher meine Mama ward, desto mickriger machte ich mich aus – ich, hier, in Demutshaltung auf dem Linoleum meines Arbeitszimmers kauernd.

Doch dann, ebenso unverhofft wie abrupt, hielt Mama ein und vertagte mich unter Hinweis darauf, dass gleich doch der Herr Köttbullar komme, die Heizkörper zu entlüften, auf demnächst.

Irgendwann im weiteren Verlauf des Abends überwand ich die Tragstarre, und so gelang es mir endlich, das mittlerweile stumm gewordene Telefon von meinem Ohr zu entfernen. Kraftlos drückte ich die rote Taste und dachte nach: Bin ich, ist unsere Generation wirklich so schlaff, so bresthaft und krächelig? Warum gelang mir nicht, was Mama doch gelungen war? Sie hatte ihren Beruf, ihren Haushalt, dazu die große Kinderschar gehabt, all dieses in ihrer überbordenden Vitalität jongliert, ohne dass je etwas zu Boden gefallen wäre. Und dabei hatte sie nie geklagt, sondern tagein, tagaus den glückseligen Gesang ihres glockenhellen Soprans erklingen lassen. Wie hatte sie das nur gekonnt?

Ich musste mit jemandem sprechen, der dabei war, und zwar, anders als ich kleiner Nachkömmling, mit wachem Sinn und hellem Verstand. Ich rief meinen großen Bruder an und schilderte ihm das Problem.

»Nun«, hob mein großer Bruder an zu sprechen, »zunächst: Sie hatte Hilfsmittel. Wie etwa den Frustrator.«

»Frustrator?«

»Ich weiß nicht, wie das Ding amtlicherseits hieß. Jedenfalls hat es dich in einen Autoscooter verwandelt. Erinnerst du dich nicht? Echt nicht? Der Frustrator war eine Art Riesenhose, in die man dich hineinsteckte. Mit einer enormen Bundweite. Dieser Bund war ein stabiler Ring, der auf Rollen lag. Und nach außen rundum mit einem Gummi-Bumper versehen war. Folglich konntest du in deinem Frustrator überall hinlaufen. Aber: Der Radius des Ringes war größer als die Reichweite deiner Ärmchen. Also sahst du irgendetwas Schönes, etwa auf der Kommode, gingst hin, wolltest danach greifen – doch ehe du hinlangen konntest, stieß der Gummi-Bumper an die Kommode. Damit blieb das Schöne unerreichbar. Vom Fußboden konntest du selbstverständlich auch nichts aufheben. So irrtest du also durch die Wohnung, in ständigem Wechsel zwischen heller Euphorie und dem schwarzem Gram des Nichtgelingens.«

»War das so?«, fragte ich zwischen, wohl ahnend, dass dieses nicht die intelligenteste aller Zwischenfragen war.

»Ja. Dann gab es da noch weitere Mobilitätsbeschränkungen wie Laufstall und Türgitter sowie«, er machte eine bedeutsame dramatische Pause, »ein – allerdings nur kurzfristig zum Einsatz gekommenes – Geschirr, mittels dessen man dich bei Spaziergängen anleinen konnte.«

»Verdammt! Das ist ja empörend! Kein Wunder also, dass ich zu diesem eher unsympathischen Menschen geworden bin!«

Er überging es absichtsvoll, um fortzufahren:

»Zudem gab es in unserer Kindheit gewisse Gewissheiten, etwa ›Schreien kräftigt die Lungen‹ oder ›Wer anfängt zu schreien, hört auch wieder auf zu schreien‹. Das heißt, euphemistisch formuliert: Man rannte nicht gleich beflissen zum Kinde, nur weil dieses gerade irgendeine Lebensäußerung von sich gab.«

»Ich habe es immer geahnt: Unsere Eltern waren grundböse Kreaturen!«

»Unsinn. Sie waren in ihrer Zeit. Damals liebte man seine Kinder ebenso, wie man es heute tut. Aber man wies ihnen einen Ort zu, an dem sie die übrigen Lebensbereiche nicht allzu sehr beeinträchtigten. Übrigens taten das nicht nur Normaleltern wie die unseren. Auch die 68er sagten sich ›Hey, wir wollen Kinder, aber andererseits wollen wir auch LSD schmeißen, Bomben legen, Floyd hören und fortwährend Fickyficky machen, also bringen wir unsere Kleinen in Kinderläden, wo sie sich, unbeeinträchtigt von jedweder Erziehung, zu einer revolutionären Kindermasse verknäulen können‹. Nun, ich kenne einen, der in diesem Knäuel immer zuunterst lag, der kann wirklich ein Kinderladenliedchen singen. Egal, über all das ist mittlerweile der Weltgeist, oder wie das heißen mag, hinweggegangen. Die Zeiten sind anders geworden. Früher hat man das Kind irgendwie ins Leben eingebaut. Heute baut man das Leben irgendwie ums Kind, mit welchen Folgen auch immer. Jedenfalls ist es zunächst einmal viel anstrengender.«

Das tat mir wohl. Also hatte ich das gute Recht, an einem zeitgenössischen Kind zu ermüden. Ich bedankte mich für die Weitung meines Horizonts, verabschiedete mich artig und legte das Telefon beiseite – wo es sofort wieder Laut gab: Mama rief erneut nach mir. Selbstverständlich nahm ich sie an, bin ich doch ein braver Junge und so weiter.

Mama klang traurig und bedeutungsschwanger: »Die Sache hat mir keine Ruhe gelassen. Und da habe ich gerade einmal im Lexikon nachgelesen: Ich war das doch gar nicht mit der Sechsten Armee! Das war doch der Göring, der die aus der Luft versorgen wollte. Da hast du mir wieder einmal was unterstellt, was doch überhaupt nicht wahr ist. Ich kann das doch gar nicht gewesen sein: Ich war doch damals noch gar nicht geboren!«

Ich grinste. Und ich konnte hören, wie sie grinste.

»Übrigens«, sagte sie dann noch, »du machst das gut mit Emil, es ist toll, wie du dich so hingebungsvoll um ihn kümmerst.«

Und schließlich, nach einer kleinen, wundervoll aparten Pause: »Ich vermisse euch. Kommt mich doch mal wieder besuchen!«

KAPITEL XIV

ROTZE & SCHLOTZE

ROTZE UND SCHLOTZE – WIE ZWEI SUBSTANZEN
IHR SCHRECKENSREGIME FÜHREN.

Wie wunderschön es ist, wenn dein kleines Kind dich ganz doll in den Arm nimmt / Wie interessant die Spuren sind, die es dabei auf deiner Bekleidung hinterlässt / Rotze und Schlotze – wie zwei Substanzen ihr Schreckensregime führen / Der Triumph meines Lebens: Wie ich den uralten Menschheitskampf gegen Rotze und Schlotze gewann

Wilma! Ich muss gehen! Dringend! Ich kann einen Herrn Bullmann doch nicht warten lassen. Nicht einen Herrn Bullmann! Herr Bullmann ist ein Funktionsträger von unfassbarer Wichtigkeit! Er ist dafür verantwortlich, dass das Magnetfeld der Erde stabil bleibt! Ohne Herrn Bullmann würde unser Planet in die Sonne stürzen! Da schulde ich ihm doch zumindest Pünktlichkeit!«

Wilma, die am Küchentisch saß und Emil mit Fruchtmüsli befüllte, sah von dieser Tätigkeit kurz auf, um mir einen Blick gänzlichen Desinteresses zu schenken: »Fein. Dann geh doch einfach.«

»Ich kann nicht!«, rief ich, an meinen nackten Beinen herabblickend. »Ich brauche eine Hose! Herr Bullmann achtet auf solche Details!«

Prinzipiell habe ich mein Hosenwesen auf perfekte, nahezu wissenschaftliche Weise organisiert: Ich verfüge stets über drei identische Beinkleider, welche einerseits recht robust, andererseits zauberhaft schön sind. Wenn eines dieser Beinkleider Spuren des Verfalls zeigt, wird es per Mausklick ersetzt. So bin ich für alle Schicksalsfälle gewappnet, selbst für jenen, dass ein Beinkleid verunreinigt, ein weiteres in der Wäsche ist. Dann nämlich wartet

Beinkleid Nummer drei, schön auf Falte gelegt, im Schrank auf mich.

Freilich hat auch Wilma einige ihrer Alltagsverrichtungen auf perfekte, nahezu wissenschaftliche Weise organisiert – etwa die Befüllung der Waschmaschine: Textilien, welche ebenso sperrig wie nutzlos sind (beispielsweise meine Hosen), werden unmittelbar vor Beginn des Waschvorgangs aus der Trommel entfernt, in einen toten Winkel des Badezimmers befördert und durch ebenso schöne wie sinnvolle Textilien (nämlich die ihren) ersetzt. Diese an sich ja völlig verständliche Handlungsweise hatte nun zur Folge, dass ich (nach dem gestrigen Matsche-Fest auf dem Spielplatz) keine tragbare Hose mehr zur Verfügung hatte – ein Umstand, der heftig mit der Wichtigkeit jenes Vormittags kollidierte: Herr Bullmann, der die Generosität besessen hatte, meine Pipi-SMS zu verzeihen (»Jaja, ist egal. Machen Sie die Texte.«), erwartete mich zu einer Konferenz, in deren Verlauf ebenjene Texte noch ein wenig »feingeschliffen« werden sollten. So stand ich nun endlich im Begriff, Geld zu verdienen, sogar unverdientermaßen viel Geld, wofür es freilich vonnöten war, eine Hose anzulegen.

»Sind etwa alle drei dreckig?«, fragte Wilma mit schlecht geheuchelter Anteilnahme, während sie versuchte, einen weiteren Löffel gesunden Müslis in Emils halb geöffnetes Mündchen zu spachteln.

»Ja. Ich brauch eine Hose! Sofort! Ich bin spät dran!«

»Dann zieh doch den Anzug an.«

»Großartige Idee. Das ist eine Kreativ-Agentur mit lauter Kreativ-Agenten im allerlässigsten Kreativ-Schick, Smart Casual, und ich komm da mit einem schwarzen Anzug hin. Wirklich: großartige Idee!«

»Martin, du, wirklich«, jetzt wurde sie unangenehm pastoral im Ton, »da musst du drüberstehen.«

Emil folgte unserer Konversation so fasziniert, dass er darüber glatt das Kauen vergaß, woraufhin ihm ein wenig Müsli aus dem Mündchen rann.

»Höre mal, ich stehe da so was von drüber«, wies ich meine wunderschöne Frau zurecht, »diese Agenturmenschen sind samt und sonders nichts weiter als pfiffig garnierte Wursthäppchen. Aber ich will das Geld.«

»Dann«, wies mich meine Modeberaterin an, »nimmst du einfach die Anzughose, dazu ein graues Polo und den dunkelblauen Zipper. Das kommt großartig!«

Ich misstraute ihr. Wahrscheinlich wollte sie mich nur loswerden. Aber hatte ich eine Wahl? Verdammt, ich war schon arg spät dran, also eilte ich in mein Ankleidezimmer, riss die Hose vom Bügel, sprang hinein, streifte das angewiesene Polo über, nahm den Zipper in die eine Hand, mein Tablet in die andere und eilte zur Wohnungstür, wobei ich ein »Bis nachher!« in die Küche schrie.

»Warte«, rief Wilma mir zu, »Emil möchte dir noch Auf Wiedersehen sagen!«

Und ja, mein Junge eilte fröhlich lachend, mit weit geöffneten Ärmchen auf mich zu: »Papa!«

Es hat etwas unendlich Rührendes, dieser Anblick: Seine kleinen Beinchen trippeltrappelten so geschwind, sein liebes Gesicht wusste kaum wohin mit all seiner Heiterkeit, »Papa!«, rief er noch einmal, auf mich zufliegend. Unter normalen Umständen gehe ich hier in die Knie, empfange ihn auf Augenhöhe, hebe ihn an meine Brust, halte ihn ganz fest im Arm und schließe dabei die Augen.

Unter normalen Umständen. Nun aber waren die Umstände ganz und gar normwidrig: Ich hatte Herrn Bullmann im Kopfe, in den Händen einen Zipper und ein Tablet. All dies hinderte mich daran, Emils Umarmung angemessen entgegenzunehmen – so geschah es, dass der Junge ungebremst auf mich stieß, und zwar dergestalt, dass sein Gesicht auf meine Eier prallte, was meinerseits ein unschönes Gefühl hinterließ – und, wie ich durch einen raschen Blick an mir herab gewahrte: Spuren. In erster Linie Schlotze, aber allem Anschein nach auch Rotze, war der Junge doch erkältet.

Ich zog eine Zwischenbilanz: Mein verschlotzter Schritt würde mich Herrn Bullmann und dessen Mitarbeitern gegenüber in eine eher defensive Position bringen, umso mehr, als ja noch die zwei leuchtend roten Gesichtskratzer hinzukämen, die mir Emil gestern beim Schlammcatchen auf dem Spielplatz beigebracht hatte. Wenn das Thema meines Textes nun gewesen wäre: »Alles, was geht, geht auch: Tabulose Leckspiele im 21. Jahrhundert« – dann, ja dann wäre mein Erscheinungsbild adäquat gewesen. Aber so?

»Aber so«, rief ich aus, »kann ich doch nicht zu Herrn Bullmann gehen!« Verzweifelt wies ich auf meine Scham.

Wilmas Interesse war geweckt. Sie erhob sich von der Frühstückstafel, nahm den etwas verstörten Emil auf den Arm und betrachtete angelegentlich die milchige Müslirotze, welche auf dem schwarzen Untergrund meiner Hose recht drastisch zur Geltung kam: »Pass auf, ich nehm einen nassen Lappen, ein bisschen Shampoo, und dann reib ich dir das eben weg!«

»Nein!«, ich erschrak vor ihrer Tücke. »Dann bin ich da unten nass, das trocknet doch nicht mehr rechtzeitig, und Herr Bullmann hält mich nach der SMS doch sowieso für inkontinent. All das untergräbt nur meine professionelle Glaubwürdigkeit.«

Notdürftig schabte ich die Grobschlotze mit meiner bloßen Hand ein wenig ab, dann rannte ich hinaus, Straßenbahn kriegen, in der Hoffnung, dass mir unterwegs noch etwas einfiele. Wie nur erlange ich einen sauberen Schritt? Zweifelsohne waren die Möglichkeiten der Selbstreinigung in der Öffentlichkeit jenes Verkehrsmittels recht limitiert. So versuchte ich, die Pseudo-Wichse zu bemänteln, indem ich den Zipper herabzog, das Tablet oder die offene Hand davorhielt – freilich verliehen mir alle drei Methoden ein etwas unvorteilhaftes Erscheinungsbild.

Es führte uns zu weit vom Thema ab, würde ich dir, lieber Mitvater, an dieser Stelle darlegen, wie es mir, trotz Verspätung und Wichshose, im Weiteren leidlich gelang, Herrn Bullmann von meinen Qualitäten zu überzeugen – bis zu dem Moment jedenfalls, als Frau Kappelsberger, eine Mitarbeiterin Herrn Bullmanns, den Konferenzraum betrat und ich, wertkonservativ bis ins Mark, mich erhob, um sie formvollendet zu begrüßen. Frau Kappelsberger starrte auf die Schlotze wie auf einen brennenden Dornbusch, sodass auch Herr Bullmann … ach, lassen wir das doch.

Zurück zum Kernthema, der Schlotze, präziser gesagt: der Emulsion aus Rotze und Schlotze, welche nicht selten das Gesicht auch deines Kindes zieren wird, und hernach, hast du es hochgehoben, an dein Herz oder sonst wohin gedrückt, auch deine Oberbekleidung. Klar: Hemden kann man in die Maschine packen, aber unterschätze bitte nicht die Menge an Rotz-, Schlotz-, Pipi-, Kacka- sowie sonstiger Sotter-Wäsche, die allein vonseiten des Kindes anfällt. Und viele Frauen, vielleicht auch die deine, sind so lebensklug, dass sie in erster Linie ihre Klamotten in die Trommel stecken, dann noch die des Kleinen, woraufhin deine Hosen, gleich den meinen, womöglich im schmalen Spalt zwischengelagert werden, der sich zwischen der Waschmaschine und der Wand auftut. Vollends ärgerlich ist die Lage bei Kleidungsstücken, die der professionellen Säuberung bedürfen: Es nervt extrem, ständig mit Trenchcoat oder Anzug in die Reinigung rennen zu müssen, überdies kostet es Geld, welches man lieber sinnvoller ausgeben würde, etwa im Wirtshaus oder für Süßigkeiten.

So ist es an der Zeit, dir an dieser Stelle zum ersten und einzigen Male einen praktisch verwertbaren Tip zu geben – durch welchen sich, wer weiß, womöglich der horrend hohe Anschaffungspreis dieses Buches amortisieren wird: feuchte Einwegwaschlappen.

Ich sage es noch einmal: feuchte Einwegwaschlappen!

Diese findest du auf jeder gut sortierten Wickelkommode, wo sie, luftdicht verpackt, danach gieren, dich glücklich zu machen. Eines Tages, als Emil einmal mehr meine wehrlose Strickjacke mit übelwollender Schlotze eingesottert hatte, griff ich aus purer Verzweiflung in die Spenderbox, entriss ihr einen Lappen und rieb – die Jacke sauber! Ein Wunder war geschehen. Oder so etwas

Ähnliches. Offenbar hat der Hersteller jener Einwegwaschlappen die geheime Weltherrschafts-Formel gefunden, mit deren Hilfe sich Kinderschlotze ins Nichts beamen lässt.

Noch aber traute ich dem Glück nicht ganz: Vielleicht würde die Einwegwaschlappen-Wunderflüssigkeit ja widerwärtige Ränder im Textil hinterlassen? Doch nein: Binnen Kurzem war meine brave Strickjacke schöner denn je, hei, es ist eine Lust zu leben!

Nun, mein Lieber, bedenke jedoch dies, bevor du dir meinen Ratschlag zu eigen machst: Jene feuchte Einwegwaschlappen-Methode hat bei mir ganz hervorragend angeschlagen – das heißt aber nicht, dass sie bei dir ebenso gut anschlägt! Was weiß ich schon über Textilien? Was weiß ich gar über Feuchtlappenbestandteile wie etwa, ich zitiere die Packungsaufschrift, »Bisabolol«? Gut, über Bisabolol weiß ich, dass dies ein hervorragend guter Name ist, ich hieße auch gern so. Aber ansonsten weiß ich wirklich nichts über Bisabolol. Folglich vermag ich nicht zu prognostizieren, was Bisabolol samt seinen fast ebenso schön klingenden Kameraden gerade auf deinen Textilien anrichten würden.

Vielleicht würde dein Gewand zu Staub zerfallen. Oder in Flammen aufgehen. Explodieren. Also: Ich kann keine Garantie, keine Gewährleistung, keine Haftung für die oben geschilderte Entsotterungsmethode übernehmen. Ebenso wenig übrigens für deren kleine Schwester: Baby-Ölpflegetücher – ein wundervoller Behelf, wenn es ganz schnell gehen muss und gerade einmal keine Schuhwichse zur Hand ist!

KAPITEL XV

DIE ENTMÄNNLICHUNG

Die zweitgrößte Gefahr, die dem Abendland droht: Wie man dem gefährlichen Wahnsinn der Geburtsvorbereitungshebamme erfolgreich begegnet / Molybdänmangel – welche verstörenden Folgen eine Unterversorgung mit diesem Spurenelement haben kann / Wie man während einer Kindergarten-Elternversammlung leicht bekleidete Blondinen vor Tyrannosauriern rettet / Klatschlieder: Wie man der größten Gefahr, die dem Abendland droht, erfolgreich begegnet

Hast du, mein Lieber, deine Frau in ihren Geburtsvorbereitungskurs begleitet? Ich habe das getan – aus mehreren Gründen: Erstens wollte ich meinen Schatz nicht allein dessen etwaigen Fährnissen aussetzen. Zweitens deuchte es mich schön, noch ein letztes Mal als Paar auszugehen – das würden wir so bald nicht mehr können. Zum Dritten dachte ich mir, ein solcher Kurs sei gewissermaßen die zeremonielle Vorbereitung auf das anstehende Wunder – etwa im Sinne von »Wir warten aufs Christkind«: In jener verdienstvollen Fernsehsendung erfuhr man seinerzeit allerlei Dinge, die man im Grunde überhaupt nicht wissen wollte, etwa wie die Urbevölkerung Taka-Tuka-Lands die Heilige Nacht begeht, aber genau diese langweilige Ödnis steigerte den süßen Schmerz der Erwartung: Bald würde es geile Geschenke geben!

In ebendiesem Sinne begleitete ich Wilma also zum Geburtsvorbereitungskurs, welcher meine Erwartungen sogar übertreffen sollte, lernte ich doch enorm viel Nützliches – was ich freilich, sobald ich den neonbeleuchteten Kursraum verlassen hatte, binnen weniger Nanosekunden wieder vergaß. Immerhin aber hatte ich es einmal gewusst, und das zeugte doch zweifelsohne davon, dass ich ein moderner, verantwortungsvoller Fastvater war.

Aus der undurchsichtigen Erinnerungssuppe, zu welcher der Kurs im Lauf der Jahre geronnen ist, ist mir allein noch ein Ereignis präsent: Unsere (im Übrigen recht aparte) Kursleiterin demonstrierte irgendeine eminent wichtige Gebärtechnik, in deren Verlauf sich die Schwangere auf übergroße bunte Gummibälle setzen und die Beckenmuskulatur kontrahieren müsse. Dann, so legte sie dar, werde sich der Muttermund ganz automatisch nach vorne stülpen – selbstverständlich nur unter der Voraussetzung, dass die begleitende Hechel-Atmung tief und gleichmäßig sei, was wiederum durch den fortlaufenden Ausruf des Wortes »Ziküth!« gewährleistet werde, wobei man – hey, ich weiß es echt nicht mehr genau, jedenfalls irgendwas entfernt in dieser Richtung. Nachdem die Kursleiterin all dies präzise dargelegt sowie geschmeidig vorexerziert hatte, wies sie die Frauen an, sich nun ihrerseits zu versuchen, »und die Jungs bitte auch!«

Ich erstarrte – warum sagte sie das? Warum befahl sie uns Männer auf die Bälle? Spontan fielen mir zwei Erklärungen ein: Entweder war jene Kursleiterin eine fanatische Feindin der Menschheit, die sich geschworen hatte, allerorten Angst und Schrecken zu verbreiten. Oder sie war, ganz im Gegenteil, von größtem Einfühlungsvermögen. Dann hätte sie sich etwa Folgendes gedacht: Ich bringe jetzt all diese lieben, hochschwangeren Frauen dazu, sich auf Gummibälle zu setzen und Dinge zu betreiben, die im Sinne bürgerlicher Verhaltenskonventionen ein wenig sonderbar anmuten. Wenn sich diese Frauen dann gar von Kerlen, und zwar mitnichten nur von ihren eigenen, beglotzt wissen, könnte ihnen das unangenehm werden. Folglich ist es am besten, die Kerle mit ins Boot, hier: mit auf den Gummiball, zu nehmen. Dann nämlich haben sie mit sich selbst genug zu tun und glotzen nicht. Eines der beiden Motive lag dem Walten der Kursleiterin zugrunde; aller Wahrscheinlichkeit nach das erste.

Jedenfalls wusste ich mich frei von aller Schuld: Wenn Frauen, die durch den Schmerz des Gebärens gehen werden, sich auf ebendieses – wie auch immer – vorbereiten, so ist das keinesfalls lächerlich. Sondern überaus vernünftig. Wenn aber ein Mann seinen nichtexistenten Muttermund schürzte, wäre dies problematisch. Nein, mehr noch: Ein solches Tun stellte all das infrage, was die größten Geister der Abendlandes sich im Laufe der Jahrhunderte unter schrecklichsten Kopfschmerzen zusammengedacht haben, in der edlen Absicht, dass der Mensch die Weihe des Höchsten erfahre.

Was tun? Die Situation spitzte sich dramatisch zu: Erste Männer, die Stirnen mit fein glitzernden Perlen des Schamschweißes genetzt, die blutleeren Lippen zu einem gezwungenen Lächeln verbogen, »Es ist doch alles nur ein Spaß!«, rollten schon Bälle herbei. Ich suchte blitzschnell nach Richtwerten: Was würde Claus Schenk Graf von Stauffenberg wohl in meiner Lage tun? Würde er aufs bunte Gummi hupfen? Okay. Damit wurde alles klar. Ich hielt inne, um der Tyrannis zu wehren.

Das entging den wachsamen Augen der aparten Kursleiterin natürlich nicht: »Pfui! Herr Berke! Spielverderber.«

Ich blieb hart. Meine stahlgrauen Augen hielten ihrem vernichtenden Blick stand. (Habe ich überhaupt stahlgraue Augen? Ich werde demnächst einmal im Spiegel nachsehen.) Nun aber ereilte mich schon das nächste Problem: Ich hatte gezeigt, dass eine Befehlsverweigerung möglich war. Damit waren die anderen Demnächstväter, durch den öffentlichen Tadel der Kursleiterin auf meine Renitenz aufmerksam gemacht, in einem Dilemma. Sie konnten sich entweder sagen: Hey, der Kerl da hinten ist ein Held. Wir aber machen auf Befehl jeden Scheiß mit, auch den unwürdigsten. Nun: Dass sich die anderen solches sagen würden, war eher unwahrscheinlich. Also blieb ihnen nur die Alternative, ihr eigenes Joch in einen Akt des freien Willens umzulügen: Hey, wir setzen uns auf Gummibälle und hecheln einen weg, weil uns das verdammt viel

Spaß macht – und jener Kerl da hinten ist eine Spaßbremse, ach was: ein Hoch-, nein: ein Landesverräter!

Du siehst: Im Nu stand ich gegen eine Welt von Feinden. Aber immerhin hatte ich das Abendland gerettet. Ganz alleine.

Ich erzähle dir diese Geschichte so ausführlich, weil sie sich wiederholt, in meinem Leben, doch womöglich auch in deinem. So solltest du zeitig deine Strategie festlegen – zählt im Ernstfall doch jede Sekunde. Mit der Zeit jedoch entwickelst du eine gewisse Routine im Umgang mit jenen prekären Situationen; schließlich meisterst du sie lässig. Was auch vonnöten ist: Gerade zu Kindergartenzeiten – ich greife hier in der Chronologie ein wenig vor – ereilen sie dich in rascher Folge. Um dir ein Beispiel aus jüngster Vergangenheit zu geben: Neulich saß unsere kleine Familie am Frühstückstisch. Alles verlief im üblichen Rahmen – bis Emil unvermittelt sein Honigbrötchen beiseite legte, vom Stuhle stieg, sich auf die Knie niederließ, seine Händchen auf den Fußboden legte, den kleinen Leib in merkwürdige Schwingungen versetzte und etwa Folgendes deklamierte: »Plim Plam Plem, Hesen Heta Hieren, Hüp Au Fallen Hieren, Hop, Pelhin Pelher, Gullygullygullygullygullygullygully.« Dann richtete sich der Kleine auf, klatschte dreimal in die Hände, kommentierte dieses jeweils mit dem Worte »Klatsch!« und sah uns schließlich gleichermaßen stolz wie glücklich an. Wilma wandte sich mir zu, ein wenig Besorgnis im Blick: »Das hat er gestern auch schon gemacht. Und zwar mehrmals.«

»Nun«, ich legte Emils Brötchen ordentlich hin, damit nicht der ganze Honig herunterlief, dann räusperte ich mich sonor: »Das ist meines Erachtens ganz eindeutig die Symptomatik von akutem Calciummangel. Oder nee, Molybdän. Genau: Molybdänmangel. Definitiv. Wir müssen seine Ernährung komplett umstellen. Ich werde sofort in die Molybdän-Liste schauen.«

»Quatsch«, legte Wilma mir sachlich dar, »ich halte das für irgendeine Entwicklungserscheinung. Vermutlich wird das ebenso schnell wieder weggehen, wie es gekommen ist.«

Mittlerweile hatte Emil mit meiner Hilfe wieder auf dem großen Stuhl Platz genommen (seinen aasig teuren Kinderstuhl boykottiert er ja bekanntlich), um sich wiederum leidenschaftlich in sein Honigbrötchen zu verbeißen.

»Jedenfalls müssen wir es im Auge behalten«, Wilma entfernte etwas Honigbrötchen aus Emils Haar, »vielleicht solltest du es morgen Abend in der Kita mal ansprechen.

»Morgen Abend? Wieso? Ist Elternversammlung?«

»Ja«, beschied mich Wilma, um sofort voller Nachdruck zu ergänzen: »Du gehst. Ich war letztes Mal.«

»Eben. Dann bist du doch viel besser in der Materie!« Doch das hatte einmal mehr etwas von sinnlosem Rückzugsgefecht: Jaja, ich würde schon gehen.

Und ich ging. Und kam sogar an, selbstverständlich zu spät: Die anderen Eltern, vielleicht ein Drittel von ihnen männlichen Geschlechts, hatten schon auf den viel zu kleinen Kinderstühlen Platz genommen, welche zu kommunikativer Kreisform arrangiert worden waren. Ich setzte mich in zweite Reihe, hatte dabei aber nicht mit der tückischen Freundlichkeit der anderen Eltern gerechnet: Flugs wurde mir eine Lücke aufgetan, so rückte ich wider Willen ins allgemeine Sichtfeld, was mich dazu nötigte, einen ebenso interessierten wie freundlichen Gesichtsausdruck anzunehmen. Nun hob Frau Scyzoryk, Emils Obererzieherin, an zu sprechen. Nach der förmlichen Begrüßung umriss sie kurz die anstehenden Tagesordnungspunkte, welche sonders von derart eminenter Wichtigkeit waren, dass ich umgehend ein längeres Gedankenspiel begann, in dessen Verlauf ich leicht bekleidete Blondinen vor fressbereiten Tyrannosauriern rettete. Hoffentlich würde ich nicht mit den Hausaufgaben drankommen – ach nee, ist ja gar nicht mehr Schule, ich bin ja schon groß. Also: Komm her, nimm diesen Tritt, stinkender Tyrannosaurus; keine Angst, Süße, ich bin bei dir, hey, dein Oberteil ist etwas verrutscht, aber das macht überhaupt nichts.

Leider erwies sich dieses Gedankenspiel auf die Dauer als etwas handlungsarm, dieweil ich, am Ende eines langen Arbeitstages, nicht mehr die kreative Energie hatte, es interessanter auszugestalten. So verabschiedete ich mich zunächst von den vielen dankbaren Blondinen, dann von den vielen toten Tyrannosauriern und wandte meine kostbare Aufmerksamkeit nun, faute de mieux, den Ausführungen Frau Scyzoryks zu; anscheinend ging es mittlerweile darum, dass der allmonatliche Essensbeitrag um drei Euro angehoben werden würde, prima:

»… hoffe ich, dass Sie das verstehen, wir kalkulieren das alles sehr knapp, aber die Preise steigen, und wir kommen einfach nicht mehr hin, und wir brauchen auch viel frisches Obst für zwischendurch, noch Fragen? Gut. Dann jetzt mal zur Auflockerung was ganz anderes. Vielleicht haben Ihre Kinder Ihnen das schon mal zu Hause gezeigt: Wir haben jetzt ein neues Sing-, Klatsch- und Bewegungsspiel eingeübt, das will ich Ihnen jetzt mal vormachen, und dann machen wir es mal zusammen, ja, damit Sie das dann auch können, wenn Ihre Kinder das mal mit Ihnen zu Hause zusammen machen wollen, ja? Also, das geht so, ich mach das jetzt mal vor, eigentlich gehen die Kinder da immer auf alle viere runter, aber das mach ich jetzt nicht, ich mach nur das Singen und die Gesten, also –«, dann sang sie los, und zwar, déformation professionnelle, im dünnen Kindersopran:

»Plim Plam Plem
Das Häschen geht spazieren
Es hüpft auf allen vieren
Wir hoppeln hinterher.
Gulligulligulligulli
Klatsch Klatsch Klatsch
Plim Plam Plem
Das ist doch gar nicht schwer!
Hurra!
Das ist doch gar nicht schwer!«

Die Choreografie war kongenial: Soweit mir erinnerlich, wurden die Gullis mit beidarmigen Winkbewegungen verkörpert, das Klatschen wohl durch ebensolches, bei Plimplamplem legten sich beiderseits die Zeigefinger auf die Stirne, zum Hurra schließlich wurden gemäß internationalem Brauch die Arme hochgerissen. So hatte alles seinen Sinn, und ich musste eingestehen: Ja, das war doch gar nicht schwer. Nichtsdestotrotz beschloss ich, mich dieser Herausforderung zu entziehen. Zwar bin ich Albernheiten grundsätzlich nicht abhold: Wenn ich mit Emil in der Wohnung oder auf der Wiese Gulligulli mache, obliegt mir nicht selten der infantile, ihm hingegen der seriöse Part. Aber, hey: Hier saß ich in einem Kreis geschlechtsreifer Vertreter unserer Spezies, kein Kind zu sehen, so weit das Auge reicht. Und da soll ich den Plimplam geben? Das also wäre der Zielpunkt einer 2.700 Jahre währenden abendländischen Geschichte – dass ich hier in der Kita meines lieben Sohnes auf einem winzigen Spaßstuhl sitze und mir singend beide Zeigefinger an meine Stirn lege? Ich suchte Blickkontakt mit Konrads Vater, der mir schräg gegenübersaß. Er schenkte mir sein bestechendes John-Wayne-Lächeln: Alles gut, ich verstehe. So waren wir immerhin schon zu zweit. Es tut gut, einen Seelenbruder zu haben.

»Ich mach's jetzt noch mal alleine«, drohte Frau Scyzoryk, »und dann wir alle zusammen, ja?«

Und schon ging das Häschen aufs Neue spazieren. Dann gingen alle Häschen gemeinsam spazieren, mit jenen beiden besagten Ausnahmen. Das Häschen aber, welches sich unmittelbar zu meiner Linken befand, ging ganz besonders verzückt spazieren. Im Zivilberuf ist dieses Häschen, soweit ich weiß, Vermögensberater, doch hatte es den Anschein, als dürste seine Seele nach Dingen, die sie in jenem durchaus respektablen Beruf nicht zu finden vermag. Wohl aber im trauten Kreise der klatschenden Gulligulligullis. Ich versuchte daraufhin, mit meinem Kinderstuhl ein wenig nach rechts zu rücken. Dort saß immerhin Lauras Mama, und, Ehre, wem Ehre gebührt: Bei ihr sah das Plimplamplem geradezu niedlich aus. Frau Scyzoryk aber brachte es tatsächlich fertig, gleichzeitig beide Arme hochzureißen, »Hurra!« zu rufen und mich mit dem Ausdruck strengsten Tadels anzusehen: Der Herr Berke, total verklemmt, ein absoluter Fremdkörper, den keiner mag, und zwar völlig zu Recht.

Doch glücklicherweise leben wir in einem Staat, in welchem Nichtmitklatschen kein Anlass für polizeiliche Verfolgung ist (das war freilich nicht immer so, folglich sollten wir dankbar sein). Andererseits ist auch das Mitklatschen völlig legal, sodass jeder sich selbstverständlich frei entscheiden kann. Vielleicht gibt es gar gute Gründe, mitzuklatschen. Gründe, die meinem bornierten Wesen unzugänglich sind. Ich wollte dich, wie gesagt, bloß davor bewahren, völlig unvorbereitet in eine jener Situationen zu gelangen, die eine blitzschnelle Entscheidung fordern.

Ein wirklich guter Freund nämlich wurde überrumpelt, fand sich so unversehens als Teilnehmer an einer Pitsch-Patsch-Eisbär-Quatsch-Inszenierung wieder – was ihn hernach aufs Schwerste an seiner Mannhaftigkeit zweifeln ließ. Seine ihn liebende Frau tat allerlei, um ihn wieder aufzurichten – vergeblich. Nach durchwehklagter Nacht suchte er am nächsten Morgen Zuflucht in einem Baumarkt, kaufte einen mächtigen 7,5-Kilo-Spalthammer und trug diesen unverpackt zu Fuß nach Hause. Seither ginge es wieder einigermaßen, sagt er. Aber ich glaube ihm nicht. Mir scheint, er ist einfach nur sehr, sehr tapfer.

KAPITEL XVI

EROTIK

DIE SCHÖNSTEN GIRLS DER WELT WERDEN VOR DIR KNIEN (UM DEIN KIND ZU BETRACHTEN).

Warum wir für dieses eine Lächeln alles, aber auch wirklich alles tun / Warum dem jungen Vater plötzlich Frauen zu Füßen liegen / Warum der junge Vater darauf achten muss, nicht über die Frauen zu stolpern, die zu seinen Füßen liegen / Warum die Frauen gar nicht ihn meinen, sondern jemand anders / Warum Allgäuer Bergkäse ein vortreffliches Mittel gegen erotische Versuchungen ist

Du kennst es, lieber Mitvater: jenes hinreißende, unbändig offene Lächeln, das eine Frau verschenken kann. Jenes Lächeln ist unermesslich kostbar. Ich spreche von dem wirklichen, wesenhaften Lächeln einer Frau – nicht etwa von diesem freundlichen Ausdruck im Gesicht einer Käsefachverkäuferin deines Supermarkts. Der nämlich ist Konvention. Ich spreche auch nicht von diesem heiteren Wohlgefallen im Antlitz deiner alten Freundin, die du nach langer Zeit wiedersiehst. Und ich spreche noch nicht einmal von diesem leicht frivolen Grinsen, das dir neulich das Girl auf der Party en passant verabreicht hat, als du unterwegs zum Kühlschrank warst, um neues Bier zu greifen. Nein, von all diesem spreche ich nicht. Stattdessen spreche ich von jenem solitären, höchlichen Lächeln, das dein Ureigenes berührt, und zwar so, dass dein Atem schwerer geht. Ich spreche von jenem Lächeln, mit dem die Frau sich dir ganz und gar gibt, mit dem sie dich ganz und gar ergreift – jenem Lächeln, in dem alles Trennende schwindet.

Nicht nur ihre Lippen lächeln dann, nein: Ihre Augen leuchten von innen, ihr Gesicht strahlt vor wundersamer Wärme, ja, ihr ganzer Leib lächelt dich an, auch jene Stellen, die die Kleidung noch verbirgt, lächeln dich wonnevoll an, oh du weißt es, wie sie lächeln. Und jenes Lächeln geht nicht etwa dorthin, wo die Sittsamkeit haust, nein, es strahlt, von überallher, deiner lebendigen Mitte zu: deiner Mitte, die die Zeugung trägt. Du kannst mich haben, sagt jenes Lächeln, du hast mich schon, sagt es, du hast mich jetzt, seit jeher und für immer. Mein zauberhaft lieblicher Leib, sagt jenes Lächeln, sei Heimat und Rausch dir. Nimm mich, sagt jenes Lächeln, nimm mich sofort, komm, lass uns aufs Klo gehn, ich war gerade schon drin, ist einigermaßen sauber.

Jenes Lächeln, oh das weißt du, ist das höchste Geschenk, was uns je zuteilwerden kann. Es steht sogar noch über dem Derby-Sieg. Wir wollen jenes Lächeln, wir verzehren uns nach ihm. Allein weil wir jenes Lächeln wollen, sind wir überhaupt im Parcours, sind wir regsam, strebsam, erfolgreich und charmant. Allein weil wir dieses Lächeln wollen, waschen wir uns überhaupt von Zeit zu Zeit. Ja: Wir wollen jenes Lächeln.

Doch die Wahrheit ist: Dieses Lächeln wird uns selten zuteil, allzu selten. Wir mussten die frühpubertäre Erfahrung machen, dass uns (merkwürdigerweise!) nicht jedes Girl sofort willfährig ist, ganz im Gegenteil. Diese Erfahrung ist im Grunde unverwunden – zwar wissen wir, dass es so ist, zwar haben wir uns irgendwie dareingefügt, haben uns mit Erklärungen begnügt, nicht weil sie einleuchtend, sondern weil sie da waren: Klar, wenn uns jede attraktive Frau so anlächelte, verlöre jenes Lächeln seinen solitären Rang und würde gewöhnlich, und außerdem könnten wir diese Masse doch rein physisch gar nicht verarbeiten, blablabla. Doch das sind Rationalisierungen, und die gehen uns – wie der gebildete Däne sagt – contre cœur. Aber warum erzähle ich dir nun all dieses, was du ja eh schon wusstest? Ganz einfach: um dich dafür zu rüsten, dass dir jenes Nimm-mich-Lächeln fürderhin in unfassbarer Häufigkeit zuteilwerden wird.

Kein Vater hat je den objektiven Blick auf sein Kind. Vielmehr neigt jeder Vater dazu, sein Kleines auf geradezu groteske Weise zu überschätzen: Kein anderes Kind, so behauptet er beispielsweise, wäre derart schön wie seins. Wir wissen, was von solchen Selbstüberhöhungen zu halten ist. Sie sind einfach peinlich. Bei meinem Emil jedoch liegen die Dinge etwas anders, erweist sich dieser doch, sobald ich ihn objektiv betrachte, als das unbestreitbar schönste Kind des gesamten Universums (neben deinem selbstverständlich). Wie ein Kind überhaupt vermag, so schön zu sein wie er, ist mir ein Rätsel, wohl mag es irgendwie mit dem mütterlichen Erbteil zusammenhängen. Jedenfalls ist Emil unglaublich schön und überdies von heiterem, einnehmendem Wesen. So schreitet er fröhlich an der Seite seines Vaters durch die Welt, etwa auf einem Bürgersteig, wo eine junge, attraktive Passantin unseres Weges kommt. Diese junge, attraktive Passantin erblickt Emil, und über das, was nun passiert, kann ich nur mutmaßen.

Es scheint, als ereigne in der jungen attraktiven Passantin nun etwas Elementares, eine prämütterliche Bezauberung, einhergehend mit üppigstem Milcheinschuss, und dieses Elementarereignis manifestiert sich in jenem Lächeln, das alle Grenzen überwindet. »Ich bin dein und du bist mein!«, spricht jenes Lächeln zu Emil – den solche Exaltationen allerdings nur wenig interessieren, hat er doch bereits eine 1a-prima Mama.

Nun weiß die junge attraktive Passantin nicht mehr so recht, wohin mit ihrem Lächeln, so hebt sie ihr Antlitz von Emil und bleibt an mir hängen – am armen Martin, der nun unverhofft seduziert wird, und zwar auf die stärkste nur denkbare Art. Unter anderen Bedingungen hätte jenes Lächeln die unweigerliche Konsequenz, dass ich über die junge attraktive Passantin herfiele, um ihr – unter ostinater Ausstoßung der Lautfolge »Utan! Utan! Utan!« – unverzüglich die Kleider vom Leib zu reißen. Unter anderen Bedingungen hätte mich die junge attraktive Passantin aber auch nicht derart angelächelt.

Unter diesen Bedingungen hingegen ist mir bewusst, dass jenes Lächeln allein Emil gilt, dass ich nur ein unberufener Zweitverwerter bin. Bestenfalls ist mir die junge, attraktive Passantin ein wenig zugeneigt, weil ich an der Herstellung Emils vermutlich irgendwie mitgewirkt habe.

Doch was mache ich nun mit jenem Lächeln, das unter anderen Umständen sofort schwerste sexuelle Übergriffe meinerseits ausgelöst hätte? Nun ... ich erwidere es mit dem ebenso wundermilden wie unverbindlichen Gesichtsausdruck einer typischen Käsefachverkäuferin, nicke freundlich und geh mit Emil meiner Wege. Hat jemand einen besseren Vorschlag?

Ich möchte Missverständnissen vorbeugen: Natürlich passiert mir das nicht jeden Tag, und es wird auch dir nicht jeden Tag passieren. Die Emil-Akquise funktioniert nicht bei jeder Frau. Bei Müttern z.B. versagt sie völlig – die haben schon ihr eigenes Ding am Laufen. Emils Zielgruppe sind stattdessen junge Frauen, denen das Sehnsuchtsziel Mutterschaft schon am Horizont leuchtet, wobei sich ihnen freilich noch ein paar Hindernisse in den Weg stellen – etwa jenes, dass ihre Kerle noch nicht vollends von den Wonnen der Vaterschaft überzeugt sind, sondern sich lieber noch ein wenig in Disziplinen wie Alkoholmissbrauch, Hedonismus und Verantwortungslosigkeit üben wollen. Auch funktioniert Emil nicht bei jeder attraktiven Frau. Jedoch sind umgekehrt alle Frauen, bei denen Emil funktioniert, attraktiv.

Und nicht immer schwenkt jenes Lächeln auf mich über – manchmal lächelt die junge attraktive Passantin auch, nachdem Emil ihr entglitten ist, beseelt ins Leere. Ein recht sicherer Bringer aber ist es, wenn Emil und ich gleichartig gekleidet sind – aus purem Übermut habe ich ihm jüngst eine gewachste Harrington-Jacke jener Art gekauft, wie ich sie mitunter selbst trage. Der Erfolg war fulgurant. Auch Verhaltens-Analogien wirken Wunder: Neulich hatte ich Leergut in den Supermarkt zu bringen. Emil wollte mich partout begleiten und natürlich auch etwas tragen. Glücklicherweise hatte ich einen kleinen 6er-Kasten, in welchem vormals französisches Wasser gewesen war. Emil transportierte das Ding voller Stolz und hatte sein Fest. Ich ging einher, mit zwei etwas größeren Kästen. Kurz vor dem Eingang des Supermarkts kam uns eine brünette Frau entgegen, vielleicht Anfang 20 und – was soll ich sagen? – äußerst attraktiv. Die Frau erblickte Emil und blieb stehen. »Oh nein!«, sagte sie mit seltsam gutturaler Stimme, wobei sie ihre hübschen Hände zusammenschlug. »Oh nein!«, und lächelte süße Verführung. Emil, ungerührt, unverführt, ging weiter, so glitt ihr Lächeln zu mir empor. Ich blieb stehen. Sie lächelte immer noch. Ich wies auf Emil, der mittlerweile den Supermarkt betreten hatte: »Mein Sohn … wahrscheinlich richtet er gerade Unheil an, ich muss hinterher.« Sie lächelte immer noch. Und wie sie lächelte. Mein Gott. Ich wusste nicht wohin mit mir. So wies ich mit fahriger Geste auf ein Werbeplakat im Schaufenster: »Der Allgäuer Bergkäse. Im Angebot. Ich muss jetzt sofort zur Käsetheke. Dort gehöre ich hin. Nirgendwo anders.«

KAPITEL XVII
ROLLENFINDUNG
WAS SIND WIR EIGENTLICH?
SIND WIR KLEINE, SÜSSE 1B-MUTTIS?

Wie der Old-School-Vater einst seine Rolle interpretierte / Warum dieses bei ihm (wie auch bei seiner Familie) gesundheitliche Schäden hinterließ / Warum wir ganz anders sind / Warum wir aber gar nicht wissen, wie wir sind / Warum der Hulk gegen das Ding gewinnen würde / Wie wir unverhofft den Vater in uns finden

Ja, verdammt, ich weiß es noch, als wäre es erst gestern gewesen: Der Vater kam heim von der Schicht, nachdem er – wie jeden Tag – 16 Tonnen allerbester Eierkohle aus dem Flöz gedremmelt hatte. Nun stieß er die Wohnungstür auf. Des Vaters Frau aber und dessen Kinder nahmen Aufstellung im Korridor, gestaffelt nach Körpergröße. Alsdann haute der Vater, ohne je sich überflüssiger Konvention wie etwa der des Grußes bemüßigt zu haben, erst mal seine Frau in die Schnauze, um ihr solcherart zu weisen, dass sie hinfort des Gatten Ruhebedürfnis zu respektieren habe. In nämlicher Absicht haute Vater anschließend noch sämtliche seiner Kinder in die Schnauze, alsdann gab er sich, einen Eimer Exportbier in steten Zügen verzehrend, seinem wohlverdienten Feierabend hin. Wenn Vater aber Doppelschicht gefahren hatte (was nicht selten vorkam), wurde das Prozedere insofern vereinfacht, als es nun, auf eine müde Handbewegung des Vaters hin (hey: 32 Tonnen Eierkohle!), der Mutter oblag, ihre Kinder in die Schnauze zu hauen, woraufhin die Kinder wiederum en retour ihre Mutter in die Schnauze hauten; dann übrigens anderthalb Eimer Exportbier.

Nun werden sich hier und da Einwände gegen eine derartige Auffassung der Vaterrolle erheben. Unser Zeitgeist mag manches am Verhalten des Vaters zu bekritteln haben – etwa dass er Mama nie vom Exportbier abgab, sodass diese sich mit zimmerwarmem Melissengeist behelfen musste. Doch was soll alle Empörung? Die Väter jener Ära sind vergangen, von der Arbeit zerstört, vom Alter dahingerafft, von Exportbier fortgeschwemmt. Wir modernen, zeitgenössischen Väter sind da doch ganz anders, klar. Aber, äh: Wie sind wir eigentlich?

Schauen wir uns jenen Vater der Vergangenheit zunächst einmal etwas genauer an. Er hatte zweifelsohne die Aureole des Herrschers. Das bundesdeutsche Familienrecht verwehrte es der Ehefrau bis 1957, ohne Zustimmung des Gatten ein Bankkonto eröffnen. Wozu sollte sie das auch? Immerhin durfte Frauchen ja einer Erwerbsarbeit nur dann nachgehen, wenn ihr Manni dies gestattete. Zuvorderst aber oblag der Frau die korrekte Anfertigung der Erbsensuppe sowie die Ausübung sachverwandter Tätigkeiten. Dazu zählte auch die Nachwuchspflege: Die Frau war diejenige, die im kindlichen Nahbereich agierte, die fütterte, reinigte, wickelte. Letzteres war für Männer schwer denkbar, mussten die episch langen Molton-Windeln doch seinerzeit noch kunstvoll um die Kinder drapiert und nach Gebrauch selbstverständlich einem manuellen Reinigungsprozess unterworfen werden. Während Mutti solcherart die naheliegenden Tätigkeiten versah, war Vati das ferne, fast unerreichbare Wesen: Vati war etwa drei Meter groß, er übte in irgendwelchen Betrieben oder Büros überviele Arbeiten aus, welche samt und sonders äußerst schmerzhaft waren, was Titanen-Vati allerdings nicht weiter kümmerte, hielt er den Schmerz doch für das ihm adäquate Lebenselement.

Selbige Arbeiten währten mindestens 60 Stunden pro Woche und wurden immerhin so entgolten, dass Vati seine kleine Familie nähren und kleiden konnte, wofür ihm alle dankbar waren. Sämtliche relevanten Lebensfragen, auch jene nach den Leitprinzipien der Kindeserziehung, wurden von beiden Ehepartnern auf dem Wege demokratischer Abstimmung entschieden, wobei Vati allerdings 1,5 Stimmen hatte, Mutti nur 0,2. Im direkten Umgang mit seinen Kindern hatte Vati zwei Glanzrollen – die der strafenden Gottheit (»Warte nur, bis

Vati nach Hause kommt und ich ihm erzähle, wie frech du warst!«) und die des wochenendlichen Zeremonienmeisters: Wenn Burschi so weit herangewachsen war, dass man ihn zu irgendetwas gebrauchen konnte, durfte er mit Vati auf den Fußballplatz, wo er eine Fettwurst sowie eine intensive Erziehung zur Gewalttätigkeit verabreicht bekam. An spielfreien Sonntagen ließ der Senior sich vielleicht auch dazu herab, seinem Junior eine Seifenkiste zu basteln. Falls das Kind aber ein Mädchen war, dann ... ja dann war es ja wohl wirklich selber schuld!

So weit das finstere Wesen des Patriarchats – dessen Lichtseite freilich auch nicht verschwiegen sei. Nehmen wir etwa eine dunkle Nacht des Jahres 1912: Die anwesenden Herren waren durchaus einverstanden damit, dass ihre Damen und Kinder in die Boote gingen. Zweifelsohne zuvorderst aus dem Grund, dass sie diese liebten. Doch auch aus jenem, dass sie, die Herren, es ja gewesen waren, die Frau und Kinder auf die »Titanic« befohlen hatten – wofür sie nun die Verantwortung übernahmen, und zwar idealerweise mit einem alten Cognac im Schwenker sowie einer guten Zigarre zwischen Daumen, Zeige- und Mittelfinger.

Nun, dieses Männerbild ist untergegangen, und zwar überall, nicht nur in den Fluten des Atlantiks. (Präziser, von mir aus: Es ist in unserem Kulturkreis überall im Untergang begriffen.) Wir heutigen Männer sind anders, gerade auch als Väter: Wir sind nicht distanziert, sondern ganz nah bei den Kindern, auch und gerade dann, wenn diese noch nicht viel mehr vermögen, als guten Kacka zu machen (welchen wir dann auch gewandt entsorgen, mit größter Zärt- und Selbstverständlichkeit). Wir füttern den kleinen Schatz, wir baden ihn, wir singen ihn in den Schlaf. Wir sind mitnichten mehr die harten, enthobenen Herrschergestalten. Kurzum: Wir sind kleine süße 1b-Muttis.

Sind wir das? Wollen wir das sein? Können wir das sein? Oder gibt es überhaupt keine geschlechtlichen Rollenbilder mehr? Ist das am Ende gar gut so? Die Männer übernehmen viele ehemals weibliche Ideale? Die Frauen übernehmen viele ehemals männliche

Ideale? Und dann treffen wir uns irgendwo in der geschlechtsneutralen Mitte auf einen Kaffee mit lecker Milchschaum oben drauf?

Das sind keine rhetorischen Fragen! Ich will das von dir wissen, los, lass hören! Was meinst du dazu? Du erwartest ja wohl kaum irgendwelche maßgeblichen Antworten von mir, hast du doch bei der bisherigen Lektüre herausgefunden, dass ich nicht gerade der tiefgründige Typ bin. Mir liegen eher Fragen wie jene, wer gewinnen würde, wenn der Hulk gegen das Ding von den Fantastischen Vier kämpfen würde. Ein bester Freund, mit dem ich diese Frage neulich beim Spazierengehen besprach, meinte das Ding, ohne das aber näher begründen zu können. Ich glaube eher der Hulk, denn der ist ja so stark, dass der viele Kilometer weit fliegen kann, wenn er in die Luft springt. Das Ding aber kann gar nicht fliegen – jaja, ich sehe ein: Ich schweife ab.

Zurück zum Thema. Okay, ich sehe ein, die Rollen sind verteilt: Ich bin derjenige, der dieses Buch schreibt, du bist derjenige, der es liest. Mithin obliegt es mir, etwas zu sagen, dir aber, dieses gut, schlecht oder gar nicht zu finden. Also, von mir aus: Ich bin gegen die Einebnung des geschlechtlichen Unterschiedes. Ich habe das Anderssein der Frauen, nicht nur jenes ihrer körperlichen Konstruktion, immer sehr sexy gefunden. Wenn wir aber diese Differenz erhalten wollen, fällt uns unweigerlich die Rolle des Mannes zu, also, in Hinsicht auf das Kind: die des Vaters.

Wie aber legen wir die Vaterrolle an? Nun, zunächst sollten wir den geradezu frivolen Mut aufbringen, ein wenig anders als die Mutter zu sein. Du wirst sie kennenlernen, jene Situation: Deine Frau macht irgendetwas mit dem Kind, und eine machtvolle, männliche Stimme in dir sagt: »Hey, das würde ich aber anders machen!« Nur du selbst kannst diese Stimme hören, und aus langjähriger Erfahrung weißt du, dass es nicht unbedingt opportun wäre, jenen Satz vernehmlich auszusprechen. Wem wäre damit gedient? Klar, du würdest es anders machen, deine Frau aber macht es so – großartig, es lebe die Differenz. Deine Frau trägt ja auch andere Unterwäsche als du, und es liegt durchaus in deinem Sinne, dass dieses so bleibt. Also betrachtest du deine Frau voller Wohlwollen, ach was: voller herzlicher Liebe dabei, wie sie etwas anders macht, als du es machen würdest.

Doch jene Situation hat natürlich auch ihr Spiegelbild: Du machst irgendetwas mit dem Kind, und eine noch viel machtvollere, weibliche Stimme neben dir sagt: »Hey! Bist du mittlerweile vollkommen wirrsinnig geworden? Du kannst doch nicht blablabla, du musst doch unbedingt blubblubblubb!« Wenn es hierbei um eine streng technische Frage geht, wie etwa die, ob an jener Körperpartie des Kindes das Feucht- oder das Öltuch zu verwenden ist, solltest du der Anweisung deiner Gattin selbstverständlich folgen. Wenn es aber um eine, sagen wir: menschliche Frage geht, liegt die Vermutung nahe, dass eure unterschiedlichen Auffassungen eben daher rühren, dass ihr unterschiedlich seid. Und dies ist ja, wie gesagt, ganz großartig: Sie ist die Mutter, du bist der Vater. Folglich macht sie etwas Mütterliches, du aber machst, allen Widerständen zum Trotze, etwas Väterliches, was du auch darfst, dieweil du ja ein Vater bist, obendrein ein guter.

Betrachten wir beispielsweise eine typische Situation aus unserem kleinen banalen Familienleben: Emil möchte, warum auch immer, aus einem Zimmer der Wohnung in ein anderes gelangen. Der Grundriss unserer Wohnung bedingt es, dass er zu diesem Zweck mitunter seine Laufrichtung ändern muss (»Kurve«). Das gelingt ihm in der Regel großartig, jedoch gibt es Ausnahmen, in deren Folge sein Köpfchen dann und wann gar mit einem Türrahmen kollidiert (»Ponk!«). An das »Ponk!«* schließt sich eine kurze Besinnungspause an – dann aber explodiert der liebe Schatz in laut

* *Glaub mir: Du wirst dieses spezifische Geräusch noch kennenlernen!*

tönende Traurigkeit (»Uwääääiiiiääääää!«). Falls Wilma nun dem Geschehen am nächsten ist, ergreift sie Emil, birgt ihn warm an ihrem Busen, küsst ihn, streichelt sein wehes Köpfchen und spricht ihm auf eine derart wärmende Weise zu, dass ich versucht bin, in dieser den Inbegriff des weiblichen Liebreizes zu erblicken: »Mein lieber Schatzi, hat sich das Köpfchen gestoßen, das liebe, schöne Köpchen, oh, oh, mein lieber Schatz, oh, là, là, komm, Maman gibt dir noch einen Kuss, und noch einen …« usw. Ich kann kaum verhehlen, dass mich dann bisweilen ein gewisser Neid ergreift: Ich will auch unter eine solch warme Dusche der Weiblichkeit – doch alles, was ich zu diesem Behufe unternehme (»Hey, hallo Wilma, guck mal, ich hau mit meinem Kopf gegen den Türrahmen!«) trägt mir bestenfalls einen geringschätzigen Blick ein.

Zurück zu Emil. Denn manchmal bin ich aber auch derjenige, der ihm am nächsten steht, wenn er den Türrahmen köpft: »Ponk!«, Pause, »Uwääääiiiiääääää!«. Dann ergreife ich meinen weinenden Sohn, nehme ihn auf den Arm, versichere mich flüchtig, dass der Junge keine Materialschäden davongetragen hat, und sage dann etwa: »Oh, das war in der Tat ein spektakuläres Spektakel, aber weißt du, was noch viel spektakulärer ist? Dass Papa jetzt mit dir ins Papazimmer geht und das Intro von *Astronomy Domine* auf der elektrischen Gitarre spielt – nur für dich! Und vielleicht noch für Mama. Und natürlich auch für alle Nachbarn!«

Doch weißt du, was das Wunderbare ist? Beide Tröstungsmethoden funktionieren gleichermaßen formidabel: Mamas empathische Hingabe ebenso wie Papas billige Ablenkungsmanöver. Zwar muss er sich für Letzteres von Mama heftig tadeln lassen (»Siehst du nicht, dass er sich wehgetan hat? Tröstest du ihn vielleicht mal, du seelenloser Maschinenmensch?«), aber davon lässt er sich nicht beirren. Stattdessen spielt er seinem vom Krach faszinierten Sohn *Astronomy Domine* vor. Und genießt es, einmal mitten im Männlichen zu sein.

KAPITEL XVIII

HOBBYS

Warum es katastrophal ist, zu 100 Prozent in der Vaterrolle aufzugehen / Warum der Mann einen Rückzugsort braucht / Warum es sexy ist, sein Eigenes zu bewahren / Warum kluge Frauen das wissen / Warum es wunderschön ist, wenn das Kind sich irgendwann für Papas Hobby begeistert / Warum einige Frauen in Warenhäusern heimlich Pipi in die Umkleidekabine machen und anschließend ganz schnell weglaufen

Ja: Er geht wirklich zu 100 Prozent in der Vaterrolle auf.« Etwas Schlimmeres als ein solches Elternteil kann einem Kind kaum passieren – will doch kein Kind einen Vater, der nichts weiter ist als eben ein Vater. 100 Prozent ist aseptische Leblosigkeit. Perfektion tötet, sich selbst und alles andere. Alles Seiende muss die Verneinung seiner selbst in sich tragen, und wäre es als Spurenelement. Also, mein Lieber: Du brauchst irgendeinen Ort, an dem du nicht Vater bist. Klar: Zweifelsohne will dein Kind einen Papa, der seine Rolle bejaht. Aber keiner kann etwas nachhaltig bejahen, ohne es je infrage zu stellen. Um etwas aber infrage zu stellen, muss man es betrachten. Und um etwas betrachten zu können, muss man sich von ihm entfernen … hmmm? Was sagst du? Das klingt alles reichlich verquast? Langweilig? Ja, du hast völlig recht, verdammt: Irgendwie finde ich nicht die richtigen Worte. Ich bin uninspiriert. Schreibblockade oder so. Kommt vor. Also breche ich diesen misslungenen Text auf der Stelle ab, bevor er gar noch schlechter wird.

***

Ha – und jetzt nehme ich ihn wieder auf! Denn es gibt schier unglaubliche Zufälle: Als ich gerade, um den Writer's Block zu lösen, auf der Parkbank meines Vertrauens ein paar Dosen Bier zu mir nahm, fiel mein Blick in den nebenstehenden Papierkorb – wo er von der Titeltante einer Zeitschrift erwidert wurde: *Tanja – das Magazin für junge moderne Muttis (und junge moderne Babys)*. Mit mäßiger Neugier griff ich zu, begann zu blättern – und schließlich las ich gebannt: Jawoll, das war es! Hier fand sich exakt das, was ich zu sagen trachtete, doch nicht zu sagen imstande war, schon gar nicht so schön und konzis wie die *Tanja*-Journalistin. Also schreibe ich deren Home-Story einfach ab. Leider kann ich die Fotos hier nicht reproduzieren, aber, glaube mir: Sie sind ähnlich gelungen wie der Artikel. – So, jetzt lass ich dich mit der *Tanja* allein; die gewonnene Zeit werde ich auf nützliche Dinge verwenden, wie z.B. mit Emils kleinem Gummiball das Zielwerfen auf das Kinder-Tamburin zu üben (er ist gerade nicht daheim, sonst würde er es mir natürlich verbieten). – Das Wort hat *Tanja*, bitte:

Auf unser Editorial aus dem November-Heft »Lasst den Kerlen ihre Hobbys« erreichten uns unzählige E-Mails – zustimmende, ablehnende, alles war vertreten. Eine jedoch stach aus der Flut heraus: Was Sabrina aus Frankfurt/M. uns schrieb, fanden wir wirklich bemerkenswert – so bemerkenswert, dass sich unsere Redakteurin Anke Mahlbranz auf den Weg nach Frankfurt/M. machte, um Sabrina und ihre Lieben einmal persönlich kennenzulernen. Hier ihre brandheiße Home-Story:

»Zweiter Stock!«, quakt es gut gelaunt aus der Gegensprechanlage. Ich drücke die Haustür auf, checke, dass es keinen Aufzug gibt, und kraxele so die Treppen hinauf – ein nettes Mehrfamilien-Reihenhaus, sozialer Wohnungsbau, 50er-Jahre. Nicht gerade chic, aber sehr sauber. Topfpflanzen auf den Treppenabsätzen, Fußmatten mit kessen Sprüchen. Oben empfängt mich Sabrina mit einem Lächeln, das zwei supersüße Grübchen sehen lässt: »Hallooo … du bist die Anke? Ich bin die Sabrina, wir sagen doch Du? Komm rein!« Ich trete in die Diele, schlüpfe aus meiner Jacke, Sabrina nimmt sie mir ab und hängt sie über einen Bügel. Mein Blick fällt auf ein Bild – Andy Warhols Campbell-Suppendose, »Chicken Noodle«.

»Schön, nicht?«, sagt Sabrina.

»Klar«, entgegne ich, »aber das ist doch nicht echt, oder?«

»Doch«, protestiert Sabrina, »zwar nicht die erste Edition, sondern der Sunday B. Morning Print, aber hinten von Andy höchstpersönlich signiert!«

»Und was kostet so was?«, entfährt es mir.

»Keine Ahnung«, Sabrina zuckt die Schultern, »das hat der Manuel mal mitgebracht. Vielleicht 1.000 Euro? Oder 2.000?«

Allerhand. Ich bin beeindruckt. Und, so viel kann ich jetzt schon verraten: Ich werde so bald aus dem Staunen nicht mehr herauskommen.

»Ich zeig dir erst mal die Wohnung, okay?«, sagt Sabrina. »Hier ist das Kinderzimmer. Lennart ist nicht da, der ist ja bei seiner Tagesmutti.«

Ich schaue mich um, und – wow: Gibt es irgendein cooles, hochwertiges Spielzeug, das der kleine Lennart nicht hat? Das Kinderzimmer quillt förmlich über vor schicken elektronischen Kinder-Gadgets und liebevoll handgemachtem Holzspielzeug, dazwischen finden sich antike Vintage-Toys, nach denen ein Sammler sich sämtliche Finger ablecken würden.

»Darf er damit spielen?«, frage ich ungläubig. »Das geht doch kaputt, oder?«

»Und wenn schon«, lacht Sabrina, »er kriegt doch ständig neue Sachen.«

Dann landen wir im Wohnzimmer. Der Tisch ist festlich gedeckt, Sabrina hat zur Feier des Tages eine Torte gemacht, »natürlich Frankfurter Kranz, hihihi, mit extra viel Buttercreme.«

Ich lange ordentlich zu. Der Kranz ist superlecker. Irgendwann schaue ich verstohlen unter meine Untertasse: »Rosenthal secunda grün«. Kaffeelöffel und Kuchengabel sind von – meine Augen versuchen den winzigen Stempel zu entziffern – WMF, aus schwerem 800er Silber. Allmählich fühle ich mich wie in einem gut sortierten Nobel-Antiquitäten-Geschäft. Dazu tragen auch die vielen prächtigen Dinge in den indirekt ausgeleuchteten Vitrinen ringsum bei: Porzellanfiguren, antike Gläser, kleine Bronzestatuen, eine große Sammlung von Herrenarmbanduhren aus den Siebzigern, eine Reihe von Füllfederhaltern, davon viele mit der charakteristischen Montblanc-Spitze, und, und, und.

Ich ertappe mich dabei, dass ich staunend umherblicke – und dabei meine Gastgeberin sträflich vernachlässige: »Was machst du eigentlich beruflich, Sabrina?«

»Ich mach gerade Referendariat. Lehrerin. Sek II. Englisch und Sport.«

»Und Manuel?«

»Der arbeitet in einer Steuerberaterkanzlei«, wir hören, wie die Wohnungstür aufgeschlossen wird, »wenn man vom Teufel spricht, hihi.«

Ein Mittdreißiger betritt den Raum, sportlich, kurz geraspeltes Haar: »Hallo Schatz!«, das gilt Sabrina, mir gibt er die Hand: »Ich bin der Manuel.«

»Hallo Manuel. Wir sprachen gerade von dir.«

»Gutes Thema«, grinst Manuel schelmisch.

»Du weißt, dass deine Frau uns eine Mail geschickt hat? Es ging um die Frage, ob Jung-Papas noch das Recht auf ein Hobby haben.«

»Ja«, mischt sich Sabrina ein, »ich wollte den anderen Muttis nur sagen: Lasst euren Männern ihre Hobbys. Männer brauchen mal eine Auszeit vom Papa-Sein. Umso bessere Papas sind sie dann, wenn sie sich wieder ihren Familien widmen.«

»Nun, Manuel«, werfe ich dazwischen, »vielleicht erzählst du unseren Lesern erst einmal etwas über dein Hobby? Es ist ja etwas ungewöhnlich, nicht wahr?«

»Ja, du weißt ja, dass ich von Beruf Steuerberater bin. Obwohl ich mich eigentlich gar nicht so als Paragrafen- und Prozentetyp sehe. Da brauchte ich halt etwas zum Ausgleich. Etwas Spannendes und etwas, wobei man sich mal ein bisschen bewegt. Und da habe ich die Wohnungseinbrüche für mich entdeckt.«

»Das ist ja wirklich ein voll abgefahrenes Hobby. Ich glaube, das musst du uns jetzt mal genauer erklären. Wie kommt man denn auf so was?«

Manuel ist offenbar ein wenig geschmeichelt, aber er bleibt sachlich, ganz der Fachmann in seinem Metier:

»Das Ganze fing an, damals kannte ich Sabrina noch gar nicht, als ich mich einmal versehentlich ausgesperrt hatte. Ich rief einen Schlüsseldienst an. Der kam dann, nestelte eben mal am Schloss rum, öffnete es, und dann: 319 Mark. Das war noch zu DM-Zeiten. Da dachte ich: nie wieder! Das machst du beim nächsten Mal selbst. So bin ich in den Baumarkt gefahren, hab mir einen Schließzylinder gekauft, ihn in den Schraubstock eingespannt, mir Werkzeug zurechtgefeilt und dann endlos rumgefummelt. Und plötzlich: hatte ich ihn gepickt! Das Ding drehte sich, Kerl, das war ein geiles Gefühl!«

»Selbst ist der Mann. Verstehe. Und wie ging's weiter?«

»Na ja, wenn man so was einmal gelernt hat, dann will man das ja auch mal in der Realität ausprobieren. Und da ich mich in der nächsten Zeit leider nicht selbst ausgeschlossen hatte, bin ich dann eines Abends rüber in die Kleingartenanlage gegangen, hab mir ein größeres Gartenhaus gesucht, eins, das ein bisschen nach was aussah, und dann, klick-klick-klack – war ich drinnen. Natürlich hat mir das Herz bis zum Halse geschlagen, du hättest mich sehen sollen, wie hektisch und verpeilt ich da durchgerannt bin. Dann hab ich mir irgendwas gegriffen, mehr so als Trophäe, ein Radio mit CD-Player, und dann raus, nach Hause. Dann hab ich mich auf meine Couch geschmissen, ein Bierchen gezischt und mir gedacht: Yes! Das ist es! Das ist dein Ding!«

Nun hat sich Manuel in Begeisterung geredet – eine Begeisterung, die irgendwie ansteckend ist.

»Dann kamen noch mehr Datschen, doch irgendwann wurde mir das zu doof: Erstens war es keine Herausforderung mehr, da reinzukommen. Und zweitens haben die Leute da wirklich nur Billig-Zeug drin stehen – Zeug, das ich echt nicht zu Hause haben will. Also kam irgendwann die erste Wohnung dran. Das funktionierte, und seither bin ich dabei geblieben: Mietwohnungen, ruhig in popeligen Mehrfamilienhäusern. Man glaubt gar nicht, was die Leute da manchmal für geile Sachen drin stehen haben«, er macht eine präsentierende Geste in Richtung der Vitrinen ringsum, »das reicht mir absolut aus. Villen und so mach ich nicht. Denn das Ganze soll doch ein Hobby bleiben und Spaß machen. Die Villen aber sind total mit Sicherheitstechnik hochgerüstet. Dann müsste ich mich ja ebenso hochrüsten. Das will ich aber nicht. Ich will keinen Stress. Abenteuer ja, aber keinen Stress. Nein: Mietwohnungen. Gute, solide Mietwohnungen.«

Das klingt wirklich extrem plausibel, finde ich. Manuel ist wirklich ein Mann, der weiß, was er will. Aber was will Sabrina? Ich frage sie.

»Als ich mich in Manuel verliebt habe, wollte ich zunächst alles mit ihm teilen. Auch sein Hobby. Und da hab ich ziemlich Druck gemacht, dass er mich mal mitnimmt. Aber dann hab ich bald eingesehen, dass das ganz falsch war. Dass er etwas braucht, was ihm ganz alleine gehört. Und dass ich ihn ja wahrscheinlich deshalb so liebe, weil er sich so ein kleines Geheimnis bewahrt.«

»Ich liebe Sabrina echt über alles«, fügt Manuel hinzu, »aber auf Tour möchte ich sie nicht dabeihaben. Da will ich ganz bei mir selbst sein. Doch oft bring ich ihr etwas mit, zum Beispiel ein tolles Schmuckstück, nicht wahr?«

»Manchmal auch was anderes: ein freches Dessous!«, schmunzelt Sabrina verschmitzt.

»Und wie war es, als Lennart kam? Hat sich da was geändert?«

»Klar«, sagt Manuel, »als Sabrina hochschwanger war und die erste Zeit nach der Geburt, da bin ich ganz selten gegangen. Aber mittlerweile hat sich das wieder eingependelt.«

»Mal was anderes, Sabrina: Hast du gar keine Angst um Manuel?«

»Nein. Denn Manuel strahlt in allem, was er tut, diese Sicherheit aus. Ich vertraue ihm einfach total.«

»Und um völlig auf der sicheren Seite zu sein, hab ich ja immer die Beretta dabei, eine 92, Kaliber 9. Die hab ich mal in einem Schreibtisch gefunden. Aber«, und jetzt schaut Manuel mich sehr ernst an, »die würde ich natürlich nur zur Selbstverteidigung einsetzen!«

»Das finde ich so toll an Manuel«, sagt Sabrina, »dass er absolut verantwortungsvoll ist. Auch als Vater. So lasse ich ihn gerne gehen. Weil ich weiß, dass er seine kleine Freiheit so sehr liebt. Aber dann tausendprozentig da ist, wenn Lennart ihn braucht. Oder ich.«

»Hast du mal daran gedacht, Lennart mitzunehmen?«, will ich wissen.

»Klar«, antwortet Manuel, »welcher Vater wünscht sich das nicht, etwas mit seinem kleinen Buddy zusammen zu unternehmen? Aber jetzt ist Lennart noch zu klein. Der würde das gar nicht verstehen. Wenn er größer ist, vielleicht fünf oder sechs, dann werd ich ihn mal fragen. Und wenn er dann wirklich Lust hat: Here we go!«

Sabrina ergänzt: »Aber schon jetzt profitiert Lennart enorm von Papas Hobby. Denn kaufen könnten wir ihm die vielen tollen Spielsachen nicht. So dicke haben wir es nicht.«

»Vor Lennarts Geburt habe ich die Kinderzimmer links liegen gelassen. Jetzt gehe ich da natürlich durch und schaue immer, was dem Kleinen eine Freude machen könnte. Übrigens schaue ich auch, wie andere Familien ihre Kinderzimmer so einrichten. Denn mich interessiert ja auch das Menschliche: wie die anderen Leute so leben, wie sie denken und fühlen. Deswegen nehme ich manchmal auch Persönliches mit, Briefe, Tagebücher, Fotos. Das meiste stellt sich dann zu Hause, wenn ich es mir genauer ansehe, als langweilig heraus. Also fliegt es in die Tonne. Aber manches behalte ich.«

»Besonders die pikanten Fotos!«, sagt Sabrina und droht ihrem Manuel schelmisch mit dem Finger. Dann schaut sie mich an und zieht das Fazit: »Alle Mamas sollten den Papas ein Stück Freiheit lassen. Das brauchen sie. Und das macht sie zu noch besseren Papas. Ich bin dankbar dafür, dass Manuel sein Steckenpferd hat. Und halte ihm gern dafür den Rücken frei. Das macht er übrigens auch umgekehrt für mich. Damit ich auch meinem kleinen Hobby nachgehen kann.«

»Was?«, nun bin ich wirklich überrascht. »Du hast auch ein kleines Hobby? Erzähl! Was ist es denn?«

»In Warenhäusern heimlich Pipi in die Umkleidekabine zu machen. Und dann ganz schnell wegzulaufen.«

KAPITEL XIX

ENTSORGUNGSNOTSTAND

MANCHE ELTERN SIND AUS VERZWEIFLUNG DAZU ÜBERGEGANGEN, DEN WINDELMÜLL UNTER IRREFÜHRENDEN BEZEICHNUNGEN (»BIEDERMEIER-SEKRETÄR KIRSCHHOLZ«) BEI EBAY ZU VERKAUFEN.

Physikalische Grenzphänomene: Warum ein mit Kacka-Windeln gefüllter Müllbeutel so viel wiegt wie eine Harley Davidson / Erzfeinde in Orange: Warum dich die Männer von der Müllabfuhr nicht mehr lieb haben / Welche unorthodoxen Methoden der Müll-Entsorgung es gibt / Hoffnung: Warum hier die Zeit ausnahmsweise einmal für dich arbeitet

Ich schloss die Wohnungstür auf und trat ein, schnellen Schritts, um ja noch zeitig zum Anpfiff den Sessel zu erreichen – als Wilma, aus der Küche kommend, zum Tackling ansetzte:

»Würdest du«, so heischte sie, während ich mich geschmeidig an ihr vorbeiwand, »bitte mal den Müll runterbringen?«

»Meine Liebe«, rief ich triumphal über die Schulter, »rate mal, woher ich jetzt komme? Ich hab soeben den Müll runtergebracht!«

In der Gewissheit, nun ein für alle Mal obsiegt zu haben, ließ ich mich in meinen alten, treuen Sessel fallen. Ein kurzer prüfender Blick: Ja, alles stand bereit, gut gekühltes Dosenbier sowie das Ersatzunterhemd, falls ich wieder schlabbern würde. Schon krisch der Kastratenchor sein »Ils sont les meilleurs, sie sind die Besten, these are the champions«, jawohl, alles würde gewiss ganz wunderschön werden – da schob sich Wilma in die Sichtachse, einen prall gefüllten Beutel präsentierend: »Du hast diesen Müll runtergebracht?«

»Das weiß ich nicht. Jedenfalls sah er ganz ähnlich aus.«

»Unsinn. Du kannst diesen Müll unmöglich runtergebracht haben, da er ja, wie du siehst, noch hier oben in der Wohnung ist. Los. Bring ihn runter.«

»Meine Liebe«, sagte ich, den Oberkörper in extremer Schräglage, da ich gerne die Seitenwahl sehen wollte, »ich habe soeben sämtlichen Müll runtergetragen, der sich in der Küche aufhielt. Zwei Beutel.«

»Dann gibt es anscheinend mittlerweile einen dritten.«

»Hör mal, Alte: Es kann ja wohl wirklich nicht der Sinn von Sein sein, dass der Abfall schneller anfällt, als er abgetragen werden kann.«

»Tja, Emil«, erklärte Wilma ebenso lakonisch wie schlüssig, dann wandte sie sich ab. »Ich stell den Müllbeutel so lange auf deinen Schreibtisch, ja?«

»Nein«, wir hatten Anstoß, damit würde uns der Sieg kaum mehr zu nehmen sein, »gib schon her!«

Als ich wieder hochkam, stand es aus unerfindlichen Gründen 0:2. Gebrochen kroch ich in die Küche.

»Hast du vielleicht noch ein bisschen Müll für mich?«

»Hm. Der Beutel ist erst halb voll. Du kannst ihn morgen früh vor dem Aufstehen heruntertragen.«

Ich nickte kraftlos.

»Ich meine: nach dem Aufstehen«, korrigierte sie sich.

Immerhin. Sie offenbarte menschliche Züge. So ging ich zurück ins Wohnzimmer, wo sich schon wieder Spieler in ganz hässlichen Trikots umarmten. Ich schaltete den Fernseher ab und verbrachte den Rest des Abends damit, stumm und in Würde zu altern.

Die schreckliche Wahrheit ist, dass sich mit Ankunft eines Kindes die Haushalts-Müllmenge vervierfacht. Und hierbei spreche ich nur vom Volumen. Hinsichtlich des Gewichts gelten noch ganz andere, rätselhafte Gesetze: Ein mit Kindermüll angereicherter Beutel wiegt etwa so viel wie eine Harley Davidson. Warum? Sind es die Windeln? Wenn ja: Was geschieht in ihnen? Verschmilzt Emils Pipi mit der Absorber-Masse womöglich zu einem bislang unbekannten, superschweren Trans-Uran?

Jedenfalls entwickelt sich der Kindermüll bald zu einem nahezu untragbaren Problem. Wohl muss man sein Gewicht – anders als jenes der Einkäufe – nicht treppauf wuchten, stattdessen kann man sich von ihm, die Gesetze der Gravitation klug ausnutzend, das Treppenhaus herabziehen lassen. Im Parterrebereich kommt das Gemenge aus Müll und Mensch dann zum Liegen – doch hier wartet schon eine nächste Herausforderung: die Mülltonne.

Wohl mag es dir, lieber Mitvater, noch irgendwie gelingen, die Müllbeutel (dank deren Eigengewicht und deiner animalischen Körperkräfte) in die bereits recht volle Tonne zu stopfen. Dieser Akt aber hat zwei eher unangenehme Folgen: Erstens werden dich die etwaigen Mitbenutzer dieser Tonne etwas weniger lieb haben. Und zweitens: Es gibt, wie du bald erfahren wirst, eine Gewichts-Obergrenze für Mülltonnen. Sie variiert, je nach Kommune. Falls du, lieber Mitvater, in einem Ort lebst, wo die 120-Liter-Tonne einen Zentner oder mehr wiegen darf, hast du noch Glück. Ich hingegen habe Pech.

Denn in Emils Heimatstadt stehen die Mülltonnen meist noch in Kellern. Das heißt, dass die fleißigen Müllwerker zunächst einmal die stählernen Kellerschacht-Abdeckungen aufklappen müssen, was sie ebenso gerne wie schwungvoll tun, und zwar morgens um 6:59 Uhr. Anschließend sind sie genötigt, ein mit mächtigem Haken versehenes Seil in den Keller herabzulassen, um so eine Mülltonne zu angeln und ans Tageslicht zu hieven. Dieser Kraftakt, so kann man vermuten, zieht Muskeln und Gelenke arg in Mitleidenschaft, umso mehr, wenn man ihn tausendmal täglich ausübt. Da hilft es nur wenig, dass man die nunmehr entleerten Tonnen gegen 7:01 Uhr per Parabel-Wurf wieder in den Kellerschacht befördern kann, um dessen Abdeckung sodann mittels Fußtritt zu schließen. Nein: Die dabei generierten Sound-Effekte, wiewohl auch im dritten Stock noch bestens zu würdigen, entschädigen den Müllwerker kaum für die Unbilden seines Knochenjobs. So hat Emils Heimatstadt ein Gewichtsmaximum verfügt: 35 Kilogramm darf die Tonne wiegen. Was ein Witz ist: So viel scheidet der Junge schon an einem guten Vormittag aus.

Was tun? Nun, zunächst ist es ja immer das Vernünftigste, solche Dilemmata zu ignorieren. Wer weiß, vielleicht merken die Müllwerker nichts oder die Welt geht rechtzeitig unter oder was auch immer. Also: Immer rein in die Tonne mit dem Zeug.

Dann aber verschärft sich die Lage: Auf der Mülltonne findet sich plötzlich ein roter Aufkleber, etwa mit folgendem Text: »Dieser Müllgroßzwischenbehälter hat das zulässige Höchstgewicht deutlich überschritten. Wenn das noch einmal passiert, werden wir echt sauer. Pass bloß auf: Wir wissen, wo du wohnst!«

Auch diese Drohung kann man noch ignorieren – mit der Konsequenz, dass die rigorosen Müllabführer die Tonne demnächst nicht mehr leeren. Was wiederum interessante Gerüche und spektakuläre nachbarliche Begegnungen im Treppenhaus zur Folge hat.

Aber wo ist die Alternative? Wie sind Emils Müllmengen zu entsorgen? Nun, eine Zeit lang besuchten wir zu diesem Zweck unsere wenigen noch kinderlosen Freunde, wobei es stets etwas schwierig war, während der Begrüßung vom Umstand abzulenken, dass sowohl Wilma als auch ich je zwei überschwere, blickdichte Plastiktaschen trugen: »Hey … wir würden erst mal gerne in euren Keller gehen, damit wir – äh – uns ein Gesamtbild von eurem Haus machen können. Bemüht euch nicht, wir finden den Weg schon alleine.« Dann allerdings verminderten sich unsere (wie gesagt, an sich schon wenigen) kinderlosen Freunde rapide – teils, weil sie Kinder bekamen, teils, weil sie nicht mehr unsere Freunde sein wollten.

Was tun? Beim Entsorgungsunternehmen eine weitere Tonne bestellen? Nun, das stößt – jedenfalls im Mietshaus – auf bürokratische Hindernisse aller Art. Außerdem kostet es Geld. Aus nämlichem Grunde (und weil der rechtliche Aspekt nicht ganz eindeutig ist) haben wir übrigens auch von der vorübergehend geübten Praxis abgelassen, unseren Hausmüll unter erfundenem Absender (»Rick Blaine, Casablanca«) an den Wahlprüfungsausschuss des Deutschen Bundestags zu schicken (Platz der Republik 1, 11011 Berlin).

Was bleibt, ist selbstverständlich noch die private Müllentsorgung in Parks sowie stadtnahen Naturschutzgebieten – und die Hoffnung, dass Emil seine Notdurft bald nicht mehr in Windeln verrichtet. Sondern auf der Toilette, wie alle großen Männer: hälftig in und neben die Kloschüssel.

KAPITEL XX
PAPA, DAS GEFÜHLS-
ROHE MONSTRUM
ZUWEILEN VERNACHLÄSSIGT VATI SEINE
VÄTERLICHEN PFLICHTEN UND LÄSST SICH ZU
UNVERNÜNFTIGEM FIRLEFANZ HINREISSEN.

Warum Papa als Papa nicht perfekt ist / Warum Mama sich darüber heftig aufregt / Warum Mama sich darüber heftig freut / Warum zu viel Ordnung die Überlebensfähigkeit beeinträchtigt / Warum sich die Guten nur gut fühlen, wenn sie ab und zu einen Bösen an den Galgen hängen dürfen / Warum Mama es liebt, Papa zu hassen

Wilma kam die Treppe empor: »Alles gut?« – »Selbstverständlich!«, antwortete ich, in der Wohnungstür stehend, wobei ich versuchte, jenes »Selbstverständlich« so selbstverständlich klingen zu lassen, als verstünde es sich doch von selbst, dass alles gut ist. Doch damit kam ich selbstverständlich nicht durch. Wilma hatte den Tag außer Haus verbracht, und nun musste sie selbstverständlich in Erfahrung bringen, ob ich unseren gemeinsamen Sohn korrekt bespielt, ernährt, gereinigt und gebettet hatte. Schon während sie die Jacke auszog, begann sie, die Checkliste abzuarbeiten:

»Wart ihr noch draußen?«

»Ja.«

»Wie lange?«

»Eine Dreiviertelstunde.«

»Hast du ihn warm genug angezogen?«

»Ja. T-Shirt, Pullover, blaue Jacke, Halstuch, Strumpfhose, Cordhose, blaue Schuhe.«

»Keine Mütze?«

»Und Mütze.«

»Was habt ihr gemacht?«

»Ball gespielt. Und mit Kreide auf dem Bürgersteig gemalt. Hast du's nicht gesehen?«

Sie war es, die hier die Fragen stellte: »Was hat er zu Abend gegessen?«

»Müsli. Eine große Schüssel.«

»Mit frischem Obst?«

»Ja.«

»Hast du ihm eine Birne in Stückchen geschnitten? Er ist gerade ganz wild auf Birnen.«

»Ja. Hab ich. Und Bananenscheibchen. Ganz viele.«

Offenbar stand ich unter Generalverdacht, und Wilma war eine gnadenlose Ermittlerin – wobei ich dir den Rest des Fragenkatalogs ersparen möchte (du wirst ihn, mein Lieber, schon früh genug zur Gänze kennenlernen).

Den Themenkomplex Waschen–Zähneputzen–Eincremen–Wickeln überstand ich ebenfalls unbeschadet, wobei ich mich freilich enorm konzentrieren musste, um ja nichts Falsches zu sagen. Mittlerweile hatte sich Wilma in der Küche etabliert, wo sie nun, einen fettarmen Mango-Joghurt löffelnd, das Zu-Bett-bring-Prozedere abfragte. Ja, ich hatte vorher durchgelüftet, sodann vorgelesen (Bobo-Buch), den Schlafsack unten etwas offen gelassen, dem Jungen seinen finnischen Teddybären in den Arm gelegt. Schon wähnte ich mich kurz vor dem Freispruch, auch war Wilmas gerade noch so scharfkantige Sprechweise bereits einer schmiegsameren gewichen: »Und dann hast du ihm ganz leise die CD mit den Volksliedern angemacht?«

»Hm, nee, nein.«

»Wie bitte? ›Hm, nee, nein‹? Warum nicht? Du weißt doch genau, dass er ohne die Volkslieder nicht einschläft!«

»Ach, verdammt«, sagte ich, den Blick verschämt zu Boden gesenkt, »dann müssen wir ihn ganz schnell aufwecken und ihm die CD anmachen, damit er doch noch einschlafen kann.«

»Sei nicht kindisch! Es geht nicht allein darum, dass er irgendwie einschläft. Sondern darum, dass er regelmäßige Abläufe in seinem Leben hat. Verlässliche Abläufe. Dass er sich auf etwas Vertrautes verlassen kann. Dass er auf etwas Verlässliches vertrauen kann.«

»Ah, verstehe«, ich nickte eifrig, »das Erziehungsziel ist also, dass er implodiert, sobald in seinem Leben einmal etwas Unerwartetes passiert? Großartig. Ganz in meinem Sinne.«

»Du verstehst einfach nicht«, und um ihre Darlegung zu unterstützen, knallte sie jetzt den leeren Mango-Joghurt-Becher (fettarm) auf den Küchentisch, »dass es wichtig ist, dass die Dinge im Leben eines kleinen Kindes ihre Ordnung haben. Das schafft Geborgenheit. Aber klar, was verstehst du schon von Geborgenheit? Du bist einfach ein indolenter, grobheitlicher Holzkloben! Du bist – gefühllos!«

»Selbstverständlich«, gab ich ihr freimütig zu und retirierte in mein Herrenzimmer. Dort ging ich in mich – war ich wohl gefühllos genug gewesen?

Denn dir, lieber Mitvater, mag es wohl klar sein: Die Frau braucht uns als gefühlloses Gegenüber, um sich hierdurch erhöhen zu können: Ach, sagt sich die Frau, jener güllegefüllte Zinkblecheimer, mit dem ich liiert bin: Kalt! Gefühlstot! Ich hinwiederum bin so warm doch, so weich auch, so wundervoll empfindsam! Hach! Ich liebe mich! Ich fühl mich voll super!

Das Ganze ist eine äußerst simple Konstruktion, welche allerdings Grundlage einer jeden funktionierenden Beziehung ist: Der Mann muss verlottert sein, damit die Frau sich umso adretter fühlt. Er muss streng riechen, auf dass sie die Duftigkeit zelebrieren kann. Er muss sich zur Gänze von Frittierfett ernähren, dieweil sie erst dadurch imstande ist, all ihre eitlen, unfrohen Bio-Körner zu genießen. Und so weiter. Kurz: Wir geben den düsteren Hintergrund, vor dem unsere Frauen leuchten können. Und: Wir geben ihn gerne!

Wer von uns läse nicht mindestens einmal täglich *Der Gehenkte*, dieses wundervolle Gedicht Stefan Georges aus dem Jahr 1928? Und wer von uns fände sich nicht als ebenjener Gehenkte wieder, der, vom Galgen abgeschnitten, spricht: »Ahnt ihr nicht, wie sehr des armen Sünders ihr bedürft?« Denn was wäre alle Tugend ohne ihn? »So strahlen«, sagt der Gehenkte, »kann sie nur, wenn ich so fehle!«

Was will uns der Dichter mit diesen Worten sagen? Nein, nicht du, sondern der da hinten, in der zweitletzten Bank, ja, du. Also? Wie bitte? Ja, genau: Wenn unsere Frauen uns herabsetzen, tun wir gut daran, ihnen recht zu geben. Dann strahlen sie. Und fühlen sich super. Und da wir gefühlvollen, wir liebenden Männer eben das ja wollen, assistieren wir ihnen beflissen, übrigens im Wissen, dass jener Gehenkte bei Stefan George als Gott endet. Eine prima Perspektive!

Übrigens: Wer weiß, ob das Spiel nicht auch andersherum funktioniert? Nehmen wir eine typische Situation der intergeschlechtlichen Begegnung: Zur WM hat sich die illustre Männerrunde deines Vertrauens um den Großfernseher versammelt – wobei, man lebt in fortschrittsfroher Zeit, auch zahlreiche Lebensgefährtinnen zugegen sind. Wir haben Einwurf auf Höhe der Mittellinie, als plötzlich eine der Frauen ihre Stimme erhebt: »Los! Schieß ein Tor hinein!«

Warum sagt sie das? Weil sie doof ist? Vielleicht. Vielleicht aber sagt sie das auch, weil sie den Mann in dessen Eigenem bestätigen will: Vielleicht weiß diese Frau mehr über die Defensivraumaufteilung der Doppelsechs als sämtliche anwesenden Herren. Aber vielleicht hält sie das auf raffinierte Weise geheim. Und denkt sich: »Jetzt sage ich mal etwas brüllend Doofes, auf dass sich diese Kerle so fühlen, als hätten sie Ahnung von Fußball.« Wer weiß?

In diesem Licht betrachtet, gewinnen zahllose Aussagen der Frau eine ganz neue Bedeutung: »Ist das die richtige Zange für diese Schraube?« – »Ich krieg das noch nicht einmal angehoben!« – »Kann ich noch ein Stück zurück?«

Vielleicht tut sie immer nur so als ob – allein, auf dass wir uns besser fühlen. Vielleicht tut sie immer nur so als ob, weil sie uns gar so sehr liebt. Schulden wir ihr nicht Dank dafür? Also: Wenn sie dir das nächste Mal hinsichtlich eures lieben Goldkinds den Vorwurf fehlenden Einfühlungsvermögens macht – sage »Ganz recht! Ich bin völlig gefühllos!« und wende dich ab. Dann kannst du aus dem Augenwinkel beobachten, wie sich aus deiner lieben Frau, die deine

Grobheit wiedergutmachen will, ein Sturzbach der Zärtlichkeit auf dein liebes Kind ergießt. Und, gib's zu, du gefühliger Vater: Das ist doch ein das Herz erwärmender Anblick.

KAPITEL XXI

DAS KUSCHELTIER

DER TOTALVERLUST DES BEVORZUGTEN KUSCHELTIERES KANN ZU ERHEBLICHEN BEEINTRÄCHTIGUNGEN DER FAMILIÄREN LEBENSQUALITÄT FÜHREN.

Warum der Verlust des Kuscheltiers die Seele des Kindes beschädigen kann / Warum der Verlust des Kuscheltiers die Seele der Eltern beschädigen kann / Warum sich nur Erzeugnisse industrieller Massenfertigung als Kuscheltier eignen / Warum es der Inbegriff des Heldentums ist, wenn ein Vater dem anderen das Leben rettet / Warum ein Vater manchmal Dinge tun muss, die bei der breiten Masse Befremden hervorrufen

»W_?! _st?! J_rg_n?!« – Wilma stellte mir diese Frage unter Auslassung aller Vokale. Die Konsonanten hingegen artikulierte sie so heftig, dass zu befürchten war, ihr Gesicht könnte Schaden nehmen. Im Grunde sprach sie die Frage nicht, sondern grimassierte sie, wohl in der Absicht, dass ich sie ihr von den Lippen ablese, dass Emil aber, den sie an der Hand hielt, sie nicht höre.

Jetzt wiederholte sie jene Frage, mit aller ihr zu Gebote stehenden Gesichtskraft: »W_?! _st?! J_rg_n?!!«, wobei in ihren Augen eine ungute Mischung aus Panik und blankem Hass flackerte.

Dem völlig entgegengesetzt fand ich die Situation enorm lustig, schon allein, weil ich gerade alles enorm lustig fand, und dies wiederum lag zweifelsohne an meinem Alkoholpegel.

Wir schritten soeben, wider Erwarten glücklich gelandet, durch den Ankunftsbereich unseres guten, alten Heimatflughafens. Vor ein paar Stunden noch hatte ich, von kalabrischer Sonne beschienen, eben das getan, was ich vor Flügen stets zu tun pflege, nämlich die Spirituosen des Landes inkorporiert. Denn Vati weiß, wohl als Einziger seiner kleinen Familie, dass ein Flugzeug schwerer ist als jene Luft, die es verdrängt, und eines Tages, so Vatis Befürchtung, könnte der ganze Schwindel doch auffliegen. Aber heute war es gerade noch einmal gut gegangen, und so verquickten sich die Erleichterung und der Alkohol zu einer wundervollen seelischen Schwerelosigkeit, die jetzt allerdings durch Wilmas Grimassen ein wenig belastet wurde.

»Keine Ahnung«, rief ich ihr gut gelaunt zu, »überhaupt keine Ahnung, wo Jürgen ist.«

Und nun ging die Welt, so wie ich sie gekannt hatte, unter. Wilma stieß einen unartikulierten Fauchlaut aus. In Emils offenem Gesichtchen aber vollzog sich ein mimisches Drama in fünf Akten: Interesse, Erstaunen, Überlegung, Erkenntnis – und schließlich entgrenzte, Tränen sprühende Verzweiflung.

»Wo ist mein Jürgen?«, schrie sein schrilles Stimmchen, welches – bedingt durch die hallende Akustik der Flughafenhalle – noch imposanter klang als gewohnt und so auch seinen Effekt auf die vielen anderen Fluggäste nicht verfehlte. Hinzu kam, dass jene anderen Fluggäste ja nicht wussten, um wen es sich bei nämlichem Jürgen handelte: um einen mittelgroßen, wollweißen Teddybären.

Seinen Eingang in unsere Familie verdankte Jürgen einem Freund Wilmas, den die Nachricht von Emils Geburt in Finnland ereilt hatte. Im Bestreben, etwas voll und ganz Originelles zu schenken (Wilmas Freunde!), war jener Kerl über irgendeinen finnischen Folkloremarkt geschlendert, und so hatte er Emil bei seinem Antrittsbesuch jenen von Lappen-Frauen hinter dem Polarkreis handgewalkten Teddybären aus ungebleichter Rentierwolle dargebracht. Wir hatten ihn zuoberst auf die große Stofftierhalde geschmissen und uns nichts Böses gedacht. Zwar hatte das Ding ein wenig nach ungebleichter Rentierwolle gerochen, aber was soll's, mit der Zeit würde er schon in der Masse verschwinden.

Du wirst, lieber Mitvater, feststellen, dass dein Kind viele Kuscheltiere bekommt. Ziemlich viele. Viel zu viele. Das geschieht aus drei Gründen. Erstens haben die Schenkenden wenig Lust, sich einen Kopf zu machen, und Kuscheltier geht ja immer. Zweitens muss man fairerweise einräumen, dass es wenig Alternativen gibt: höchstens noch Rassel, Strampelanzug und Winkelschleifer. Und drittens wissen versierte Schenker, dass das Kindchen irgendwann aus der unüberschaubaren Masse der Kuscheltiere eines als sein liebstes auserküren wird – Kinder sind monogam. So begeben sich all die Tanten, Onkels und dergleichen in einen stillen, nichtsdestotrotz verbissenen Wettstreit: Offenbar gibt es keinen köstlicheren Triumph als jenen, dass sich das eigene Stofftier gegen die der Konkurrenz durchsetzt: »Tante 'irgit, weißt du, der Ole hat deinen Kuschel-Elefanten ja soooo ins Herz geschlossen, ohne ihn kann er gar nicht mehr einschlafen usw.« – Ja, auf diesen süßen Triumph hat Tante 'irgit hingearbeitet, mit allem, was sie hat, kein Preis war ihr zu hoch, selbst die 129,95 Euro nicht, von denen das Etikett kündete, welches Tante 'irgit mit voller Absicht versehentlich am Halsband des Elefanten belassen hatte.

Doch Emil ist bekanntlich alles andere als Ole, mithin war seine Wahl eben nicht auf einen Edel-Elefanten gefallen, sondern, du magst es ahnen, auf jenes finnische Kunsthandwerkserzeugnis, welches daraufhin, zwecks leichterer Identifizierung, einen Namen brauchte.

»Emil«, fragte ich ihn einst, »wie heißt dein lieber Kuschelbär eigentlich?«

Mein Sohn überlegte eine Zeit lang und sagte dann, im Ausdruck sicherster Selbstverständlichkeit: »Jürgen.«

Wilma und ich nickten uns wortlos zu – Jürgen, wahrlich: Das schien uns ein guter Teddyname. So begleitete Jürgen unseren kleinen Schatz fortan auf seinem Weg durch die Welt, welcher ihn rezent – du magst dich erinnern – nach Kalabrien und zurück führte. Jetzt aber stand Emil in der aseptischen Kühle einer Flughafenhalle, durch welche noch der Nachhall seiner ebenso schrillen wie infernalisch lauten Frage schallte: »Wo ist mein Jürgen?«

Du magst dir vorstellen, wie diese Frage ringsherum gewisse Irritationen auslöste, und diese vermochte Emil noch zu steigern, indem er nunmehr einen Sinus-Dauerton erzeugte. Auf mich hatte das leider einen ernüchternden Effekt: All mein ganzer schöner Alkohol zersetzte sich schlagartig in Wasser, Kohlendioxid und Kopfschmerz. Ich fand mich in der Verantwortlichkeit eines Vaters wieder. Unversehens oblag es mir, eine daseinsbedingende Frage zu klären: Wo ist sein Jürgen?

Zuletzt gesehen hatte ich ihn, so glaubte ich mich zu erinnern, im furiosen Finale unserer lustigen Urlaubsreise. Kurz vor Abflug hatte Emil nach einem Zusatz-Eis verlangt. Sein bereits leicht alkoholisierter Papa hatte ihm eines besorgt und es in die ihm gierig entgegengestreckten Hände gegeben. Daraufhin hatte sich Papa des bei dieser Aktion zu Boden geglittenen Teddybären angenommen. Aber dann? Was war dann geschehen? Papa hatte sich kontinuierlich leckersten Tresterbrand verabreicht – und dabei das wichtigste Besitztum seines Sohnes außer Acht gelassen. Papa ist ein Arschvater. Jürgen ist weg.

»Mein Jürgen ist weg!!!!«, bekräftigte Emil sogleich, wobei ihm Trauersekrete aus Augen, Mund und Nase rannen.

»Emil, mein lieber Goldschatz«, wandte sich seine warme, weiche Mama nun an ihn, wobei sie ihm zärtlich übers Gesicht strich (was freilich keinen anderen unmittelbaren Effekt hatte als jenen, die Rotze und die Schlotze flächendeckend zu verteilen), »Emil, weißt du – vielleicht hat der Jürgen ja ein anderes Flugzeug genommen und wartet schon zu Hause!«

Was sollte das denn? War sie vollends verrückt geworden? Doch dann, nach kurzer Überlegung, musste ich ihr im Stillen recht geben: Es war, realpolitisch gesehen, die beste aller denkbaren Maßnahmen. Erstens minderten wir so die akute Brisanz der Situation, was uns überhaupt erst die Möglichkeit gab, den Flughafen zu verlassen – und dies war dringend erforderlich, da bereits zwei uniformierte Herren äußerst interessiert in unsere Richtung schauten. Zweitens kauften wir uns so etwas Zeit, die wir wiederum nutzen konnten, um ein langfristiges Krisenmanagement zu konzipieren.

Emil war nicht vollends überzeugt, aber ein weiteres Eis tat sein Übriges, für Minuten war er damit beschäftigt, es in seinen Mund zu befördern, wobei freilich auch Gesicht, Kleidung und Fußboden ihren gerechten Anteil bekamen. So schafften wir es in die S-Bahn, und während diese durch die Vorstädte ratterte, verständigten Wilma und ich uns mittels Zeichensprache und englischen Bruchstücken auf einen Notfallplan, der aber, wie ich mir eingestehen musste, ähnlich viel Erfolgsaussichten hatte wie jene damals im Führerbunker.

Mein Glaube an die epochale Schicksalswende bröckelte noch mehr zusammen, als ich Emils leisen Singsang hörte: »Der Jürgen ist in einem ganz schnellen Flugzeug flogen, der Jürgen ist ganz lieb, der wartet schon auf mich, der wartet in der Wohnung, der Jürgen, gleich will ich Badewanne rein, mit dem Jürgen, der Jürgen hat aber vielleicht Hunger.« Dann hob der Kleine plötzlich seinen Blick, es gibt Kinderblicke, denen du nicht standhältst, und fragte mich mit zitterndem Stimmchen: »Der Jürgen ist doch schon zu Hause, bitte Papa, ja, Papa?«

»Vielleicht. Vielleicht wartet er schon zu Hause auf dich.«

Die Lage war über alle Maßen angespannt, so hoffte ich beim Aufschließen der Wohnung wirklich für einen Moment, dass Jürgen, ein früheres Flugzeug genommen habend, tatsächlich mit ausgestreckten Ärmchen in der Diele stünde. Dem aber war, wie mich ein kurzer Blick überzeugte, überhaupt nicht so. Emil glitschte an mir vorbei, Jürgen suchen. Der Countdown zur Katastrophe lief. Ich musste handeln. So warf ich das Gepäck auf einen Haufen, machte kehrt, eilte die Treppen herab, verließ das Haus, nahm mein Mobiltelefon zur Hand und wählte, wie besprochen, unsere Festnetz-Nummer. Wilma nahm ab: »Ja.«

»Gib ihn mir.«

»Wird schwierig. Ist schon kurz vorm Schreien«, sagte Wilma mit angespannter Stimme, dann, im gekünstelten Flötenton zu Emil: »Emil! Komm mal her! Weißt du, wer da am Telefon ist? Der Jürgen!«

Emil hatte noch nicht die Gepflogenheit übernommen, sich am Telefon zu melden, so presste ich das Mobile gegen mein Ohr, bis ich glaubte, seinen kleinen Atem zu hören. Dann legte ich los – um im selben Augenblick zu gewahren, dass ich die Rolle nicht im Mindesten beherrschte, wie sollte ich auch, gänzlich ohne Vorbereitung. Meine Stimme klang keineswegs nach Teddybär, sondern vielmehr nach krankem Quakfrosch:

»Hallo Emil! Hier ist der Jürgen! Ich bin noch in Italien! Bald bin ich aber wieder bei dir! Und dann können wir wieder ganz toll kuscheln!«

Gespannt lauschte ich auf Emils Reaktion – und ließ derweil meinen Blick schweifen, der bald auf eine mittelalte Hausfrau traf, welche, etwa zwei Meter von mir entfernt auf dem Bürgersteig stehend, zwei Einkaufstaschen festhielt und mich mit seltsam geweiteten Augen anstarrte, die Lippen fest zusammengepresst. Tja: Als Vater muss man mitunter hart sein, gerade wenn es darum geht, einen pädagogischen Plan gegen alle Widerstände zu verfolgen. So blickte ich ungerührt ins Antlitz der Hausfrau und quakte fort:

»Puh, hier scheint ganz doll die Sonne. Unter meinem dicken, flauschigen Fell ist mir schon ganz heiß geworden. Ich glaub, ich kauf mir jetzt ein Eis. Und dir bring ich auch eins mit. Ein ganz, ganz großes!«

Aus dem Telefon drang ein chaotisches Klackern, dann lange gar nichts, dann Wilmas Stimme: »Mäßig erfolgreich. Er hat es sich angehört. Ist jetzt wieder in seinem Zimmer und schmeißt Legosteine unter den Stuhl.«

Folglich hatte ich hier, im Rahmen meiner Fähigkeiten, das Mögliche getan; ich steckte das Mobile ein, nickte der nach wie vor regungslosen Frau gönnerhaft zu, schloss die Haustür auf, schmuggelte mich wieder in die Wohnung und suchte das Kinderzimmer auf.

»Emil«, rief ich ihm zu, voller Euphorie, die freilich nicht ganz authentisch war, »ich höre, der Jürgen hat angerufen? Was hat er denn gesagt?«

»Dass er bald kommt«, gab mir mein Junge zurück, während er unter den Stuhl krabbelte, um dort die Legosteine hervorzuholen, auf dass er sie erneut darunterwerfen könnte. Dann wandte er sich mir zu und wiederholte:

»Dass er bald kommt!«

War da gar ein drohender Unterton? Ich ließ ihn allein und zog mich mit Wilma in die Küche zurück.

»Was nun?«, fragte sie, womit sie mich klug in die Rolle dessen drängte, der hier zu retten hätte. Und zu verantworten, wohlgemerkt.

»Äh … er scheint es doch ganz locker zu nehmen.«

»Quatsch. Er sortiert sich noch. Er ist ja gerade erst angekommen. Er ist durch das Telefonat vielleicht ein bisschen sediert. Aber nicht nachhaltig.«

Und schon klang es, wie zur Bestätigung, schrill aus dem Kinderzimmer: »Dass der Jürgen bald kommt!«

»Wir müssen logisch vorgehen«, sagte ich, und versuchte dabei so zu klingen wie Spock, »ein Lösungsansatz liegt in Italien. Ein weiterer in Finnland. Lass uns von Süden nach Norden vorgehen. Zunächst Italien. Wir überlegen, wo Jürgen verloren gegangen sein kann.«

»Sehr witzig«, entgegnete Wilma, die nie ein Star-Trek-Fan gewesen war, »wir recherchieren also die zehn Etablissements, in denen du Grappa gekippt hast, rufen die zehn Inhaber an, die außer Italienisch wahrscheinlich nur noch Gestensprache beherrschen, geraten dann an den, der beim Saubermachen einen gebrauchten Teddybären gefunden hat und ihn seither im Tresor aufbewahrt. Und ihn jetzt natürlich gerne per Express-Paket nach Deutschland schickt. Fantastisch. Ich bin sicher, deine finnische Lösung ist mindestens genauso gut.«

Ich bedauerte, keinen Phaser in der Hand zu haben. Ich stellte mir vor, wie Wilma wäre, wenn ich einen Phaser in der Hand hätte. Irgendwie wohl weniger unbotmäßig.

»Nun, die finnische Lösung gründet auf Jürgens Herkunft. Wir müssen deinen Freund anrufen, wie heißt er doch gleich?«, sagte ich, wissend, dass er Gregor heißt, aber man darf keine Gelegenheit auslassen, die Freunde seiner Frau herabzusetzen.

»Er heißt Gregor. Und was soll es bringen, ihn anzurufen?«

»Er kann uns Informationen geben. Wobei selbst die kleinste«, nun hob ich meine Stimme ins Preziöse, »selbst die scheinbar unbedeutendste Information sich später als enorm wichtig erweisen kann.«

Wilma betrachtete mich so, wie sie kürzlich noch den merkwürdigen Schleimbatzen betrachtet hatte, der an den Badestrand gespült worden war, dann sagte sie: »Wir müssen zu Abend essen. Es ist spät. Hol ihn.«

Ich holte Emil, und irgendwie gelang es uns, ein Abendessen zu veranstalten. Zwar war Emils Appetit durch die vielen vorherigen Eisportionen ein wenig beeinträchtigt, doch nichtsdestotrotz ließ er sich dazu bewegen, etwas Müsli mit H-Milch einzuschlabbern. Auch wahrte er den Hausfrieden, wobei wir uns auch redlich mühten, ihn mit kleinen Weißt-du-noch-Urlaubsanekdoten bei Laune zu halten. Doch dummerweise leitete gerade dieses assoziativ zum Jürgen-Problem:

»Gleich kommt der Jürgen mit mein Bett rein«, krähte der Kleine uns an, voller Frohsinn, welchen Wilma und ich kaum teilen konnten, wurden wir uns doch bewusst, dass der kritische Moment rapide nahte: Als Einschlafhilfe war Jürgen unabdingbar. Wie würde Emil es nehmen, dass sein kuscheliger Konterpart nicht da war?

»Weißt du, Emil«, wandte ich mich dem Sohne zu, »der Jürgen ist ja noch in Italien. Der kommt heute noch nicht. Der kommt vielleicht erst übermorgen.«

»Ja«, sagte mein verständiger Sohn, »der kommt jetzt!«

»Nein. Jetzt nicht. Heute Nacht schläfst du mit einem anderen Kuscheltier«, und nun mühte ich mich, meiner Stimme etwas Mitreißendes zu geben, während ich das erstbeste Ding, welches mir untergekommen war, nämlich einen grünen Oktopus, mit triumphaler Geste in die Luft hielt, »vielleicht mit der Wakanakanabe?«

»Neiiiiiin!«, schrie Emil. »Mit dem Jürgen!!!!!!«

Ich ließ ihm das letzte Wort, hob die Tafel auf und zog mich kurzerhand in mein Arbeitszimmer zurück, da es Wilma im Zuge unserer Aufgabenteilung oblag, Emil bettfertig zu machen. Sollte sie doch sehen, wie sie damit klarkam. Zweifelsohne sind Frauen biologisch besser für solche Aufgaben disponiert.

»Du denkst dir wohl«, sagte Wilma, in mein Arbeitszimmer stürmend, »dass ich doch sehen soll, wie ich damit klarkomme, weil ich als Frau für solche Aufgaben biologisch besser disponiert bin, eh?«

»Aber nein!«, brachte ich einigermaßen glaubwürdig heraus. »Wir werden das Problem gemeinsam lösen. Emil wird das Problem lösen. Er wird ein anderes Kuscheltier akzeptieren. Der Junge soll froh sein, überhaupt eins zu kriegen. Wenn ich an meine Kindheit denke, ich hatte überhaupt kein Kuscheltier. Nur einen harten Stein. Einen alten Stein zudem, weil sich meine Eltern keinen neuen Stein leisten konnten.«

Eine Stimme sagte mir, dass ich damit nicht durchkommen würde, genauer gesagt: Wilmas Stimme sagte mir, dass ich damit nicht durchkommen würde: »Damit kommst du nicht durch. Los. Stell dich dem Problem. Begreife endlich, dass das für Emil eine Todeserfahrung ist.«

»Was bitte? Eine Todeserfahrung?«

»Genau. Wenn du nicht ein indolenter Arsch-Klotz wärest, wüsstest du, dass für Kleinkinder die Dinge nicht dinghaft, sondern beseelt sind. Für Emil hat Jürgen eine Seele. Er ist kein Kuscheltier, sondern ein Wesen. Für Emil ist er ein Wesen. Genauso, wie du für ihn ein Wesen bist.«

Ich fühlte mich geschmeichelt: »Dann kann ich mich ja ersatzweise zu Emil ins Bett legen!«

»Quatsch. Du bist für Emil ein Wesen mit ganz anderer Wesenheit. Fürs Einschlafen ist Jürgen wesentlich. Jürgen ist derjenige, der ihn in den Schlaf begleitet. Er ist nicht austauschbar, nicht durch ein anderes Kuscheltier und schon gar nicht durch dich. Du bist für Emil in anderer Hinsicht wesentlich, etwa als … ach, scheißegal, mir fällt nichts ein, in irgendeiner Hinsicht wirst du für ihn schon wesentlich sein. Jetzt ist aber wichtig, dass Jürgen verschwunden ist.« Dann schloss sie, nach einer kurzen Pathos-Pause: »Dass ein Wesen namens Jürgen tot ist.«

Ich war gebannt von diesem wundervollen Vortrag – und befürchtete ein wenig, dass Wilma nur einschlafen könne, wenn Jürgen im Kinderbett liegt. Das alles – und vielleicht mein Jetlag, wer weiß, heute morgen war ich ja noch durch Kalabrien flaniert, ließ mich handeln – hart, männlich, souverän, ganz nach Art der Väter: »Du machst Emil jetzt bettfertig. Ich besorge den Rest.«

Wider alle Erwartung wandte sich Wilma wortlos ab und überließ mir das Terrain. Ich griff nach dem Festnetz-Fon und scrollte die Namensliste durch … ah, hier, »Gregor«, ein kleiner Druck auf das grüne Symbol und dann »Tuuut« und dann, »Ja, hallo Wilma!«, o Gott, wie er ihren Namen zelebrierte, wie er jeden Buchstaben dermaßen in die Länge zog, als könnte er schlechterdings nicht von ihm lassen. Ich war versucht, das Telefon niederzulegen und es mit meinem Urin zu nässen, doch hatte ich eine Aufgabe.

»Nein. Martin hier. Hallo.«

»Oh, hallo.« Er schien etwas überrascht, was darin gründen mochte, dass ich ihn selten, um nicht zu sagen: nie anrief.

Um der Konvention Genüge zu tun, fragte ich ihn, wie es ihm gehe, doch noch bevor er antworten konnte, kam ich zur Sache – man kann's mit der Konvention ja auch übertreiben: »Höre mal, der Teddy, den du Emil geschenkt hast, wo genau kommt der her, hast du eine Adresse?«

»Wieso?«, quoll mir unschönes Misstrauen entgegen. »Ist irgendetwas falsch mit dem Teddy?«

»Ja. Nein. Er ist weg. Er liegt in irgendeiner kalabrischen Gosse. Er ist tot. Ich hab ihn verloren.«

»Ach du, schade!«, sagte er, was ich für eine ebenso unnütze wie unmännliche Wendung halte, aber das konnte ich ihm ja schlecht sagen.

Im Hintergrund hörte ich, wie Emil zu einem furiosen Schlussplädoyer ansetzte, aus welchem wiederholt das Wort »Jürgen« herausgellte. Dieses machte mich rabiat – dieses und der Umstand, dass ich zwar vor mir und der Welt so tat, als hätte ich einen Plan, in Wahrheit jedoch überhaupt keinen hatte. Denn selbst, wenn der Ach-du-schade-Gregor mir jetzt eine Adresse präsentierte – was tun? Hinfliegen? Anrufen?

»Du«, hob Gregor an, (Ja, genau: »Ich«, dachte ich), »das war so eine Markthalle in Helsinki, mit folkloristischem Zeug, ich glaub, da ist permanent Markt, also jeden Tag, aber da gab's zig Stände, ziemlich groß, das Ganze, und wo das genau ist, weiß ich nicht mehr, aber vielleicht kann ich mal in meinem Reiseführer nachschauen, aber hab ich den überhaupt noch? Ist das denn so schlimm, dass der Teddy weg ist?«

Um mir die Antwort zu ersparen, ging ich ins Kinderzimmer und hielt das Telefon an Emils Bettchen. Vom schieren Schall zurück ins Arbeitszimmer geweht, nahm ich das Gespräch wieder auf: »Und?«

»Ja«, antwortete Gregor, »sehr beeindruckend. Aber wer ist dieser Jürgen?«

»Der Teddybär. Er heißt so. Jürgen.«

»Hm. Ach so. Ja klar. Ich sehe das Problem. Und jetzt willst du genau wissen, wo er herkam. Und was dann? Dann willst du einen neuen besorgen. Aber wie denn?«

»Das«, log ich unverschämt, »lass mal meine Sorge sein, ich hab schon einen Plan.«

»Hör mal, da bin ich echt voll skeptisch. Das ist ja kein Massenprodukt, sondern individuelle Handarbeit« (er sagte tatsächlich

»individuelle«, der Angeber), »außerdem ist das ja fast schon drei Jahre her, und da hatten die damals nur noch zwei Stück davon, und die hab ich ja beide gekauft.«

»Was, was?!«, schrie ich auf. »Beide? Wo ist der andere? Wo? Wo?«

»Hey, komm runter. Den hab ich einem Arbeitskollegen von mir geschenkt. Ich meine, seiner Tochter. Der war auch gerade Vater geworden, als ich in Finnland war, der Arbeitskollege.«

»Wo wohnt der?«

»Altstadt, aber –«

»Wo genau?«

»Kasernenstraße, 4, glaube ich, aber –«

»Wie heißt der?«

»Arne Siegelbach. Aber jetzt hör mal –«

»Gib mir die Telefonnummer.«

»Also, komm, nein, das finde ich jetzt –«

Mittlerweile war ich wieder ins Kinderzimmer gegangen, wo ich das Telefon auf Emils weit aufgerissenen Mund richtete, freilich voller Sorge davor, in den Wirkungsbereich seiner wild um sich schlagenden Ärmchen zu geraten.

Zurück im Arbeitszimmer, wiederholte ich: »Gib mir die Telefonnummer.«

Er gab sie mir, » … aber eins will ich dir noch sagen: –«

»Danke«, ich legte auf, warf mir eine Jacke über, hastete ins Kinderzimmer, strich Wilma übers Haar, küsste sie, was nicht gerade auf Gegenliebe stieß, eilte dann zur Tür, wo mir allerdings einfiel, dass ich ihr vielleicht eine Erklärung schuldete, vielleicht auch eine Ermutigung, also raste ich zurück und sprach die Worte des größten aller Römer, die ich für derlei Zwecke immer parat habe: »Mutter, ich werde nicht nach Hause zurückkehren, es sei denn als Pontifex!«

Dann rannte ich das Treppenhaus herab, auf die Straße, zum Taxistand: »Kasernenstraße 4!«

Im Fond wählte ich die Nummer jenes Arne. Es dauerte endlos lang, ich fürchtete schon, der AB würde anspringen, dann endlich: »Ja. Was?«

»Martin hier, guten Abend. Ich bin ein – eh – Freund von Gregor. Ich muss in einer dringenden Angelegenheit mit dir sprechen. Bist du zu Hause?«

»Was bitte? In welcher Angelegenheit willst du mit mir sprechen? Es geht um Gregor?«

»Nein. Es geht um einen Teddybären, den er deiner Tochter geschenkt hat.«

»Wie bitte?«

»Es geht um einen Teddybären, den er deiner Tochter geschenkt hat.«

»Ich weiß nicht recht«, er klang nun etwas missgestimmt, »wie ein Teddybär meiner Tochter Gesprächsgegenstand zwischen mir und einem gänzlich Unbekannten werden könnte.«

»Das wird auch für mich eine völlig neuartige Erfahrung sein. Sag, bist du zu Hause? – Hallo?«

Er hatte aufgelegt. Ich tippte sofort auf Wahlwiederholung, doch alles, was ich bekam, war ein AB-Text, so oft ich es auch versuchte. Dann war das Taxi am Ziel, ich bezahlte, stieg aus und las Klingelschilder. Kein »Siegelbach« an Nummer 4. Erst bei Nummer 8 wurde ich fündig, ich drückte zweimal, Paketboten-Stil, und wartete, mit schwindender Hoffnung. Doch dann, hurra, summte der Summer, ich stieß die Tür auf und flog die Treppen empor. In der zweiten Etage stand eine Wohnungstür einen Spalt weit offen, wobei jener Spalt von einem mittelgroßen Herrn gefüllt wurde. Der Herr trug eine recht schwungvolle Frisur, dazu einen hippen Vollbart sowie eine tiefschwarze Sigmund-Freud-Gedächtnisbrille, welche aussah, als sei sie sehr schwer. Durch nämliche betrachtete er mich nun, und zwar mit recht indigniertem Ausdruck.

»Hallo, ich bin Martin, entschuldige die Störung, es handelt sich wirklich um ein schwerwiegendes Problem.«

»Ich bin einigermaßen im Bilde, ich hab gerade mit Gregor telefoniert. Dein Sohn hat seinen Teddy verloren. Aber was hab ich damit zu tun?«

»Deine Tochter hat den gleichen.«

»Und?«

»Ich möchte ihn deiner Tochter abkaufen.«

»Erstens schläft meine Tochter«, sagte mein neuer Freund, wobei er eine übermäßig schwungvolle Haarsträhne hinter dem Ohr fixierte, »und zweitens ist sie noch nicht geschäftsfähig.«

»Das Problem ist, dass mein Sohn wirklich sehr an seinem Teddybären hing und ohne ihn nicht einschlafen kann. Er dreht gerade durch. Überdies bin ich der Schuldige. Ich hab den Teddybären verloren, heute Morgen, in Kalabrien und im Suff. Wir kommen gerade aus dem Urlaub wieder. Ich habe als Vater versagt, geradezu katastrophal versagt. Meine Frau hasst mich, und zwar völlig zu Recht. Mein Sohn wird mich hassen, wenn er erst mal alt genug ist, um zu ermessen, was ich ihm angetan habe.«

»Tja«, er lächelte mich auf etwas maliziöse Weise an, »es gibt einen gewichtigen Grund, deinem Anerbieten zu entsprechen. Doch es gibt auch einen gewichtigen Grund dagegen: Man verkauft keine Geschenke. Das gehört sich nicht.«

»Ach was«, versuchte ich ihn zu beschwichtigen, »wenn Gregor noch leben würde, hätte er bestimmt nichts dagegen.«

Jetzt lächelte er etwas weniger maliziös: »Der gewichtige Grund dafür, dir den Teddy zu geben, aber ist folgender: Meine Tochter würde ihn nicht vermissen. Weil sie gar nicht weiß, dass sie ihn hat.«

»Wie das?«

»Ganz einfach: Ich habe einen starken Überlebenswillen. Infolgedessen habe ich natürlich darüber gewacht, dass meine Tochter nur mit Stofftieren umgeben wird, die sich leicht ersetzen lassen. Denn sonst könnte es passieren, dass – du weißt. Also hat Emmi den Teddy nie ausgehändigt bekommen.«

»Und wo ist er jetzt?«

Er wies treppabwärts: »Im Zwischenreich, bei den Dingen, die ich weder besitzen noch wegwerfen will. Du kannst ihn haben.«

Er griff nach seinem Schlüsselbund, dann stiegen wir hinab. Der Keller befand sich im Zustand perfekter Organisation. Arne zog eine Plastikbox hervor, hob den Deckel an, und dort sah ich, in einer Plastiktüte hygienisch verpackt, »Jürgen!«, entfuhr es mir fast.

»Hier«, er überreichte ihn mir, »viel Spaß.«

»Danke!«, eine Art von Rührung überkam mich, so griff ich in meine Jackentasche, holte mein Restgeld hervor, 20 und noch ein paar Euro: »Kauf Emmi etwas Schönes.«

»Ach was«, wehrte er ab.

»Nein, nimm. Wenn du ihr nichts kaufen willst, dann gib es ihr als Aussteuer. Oder spende es für irgendeinen gemeinen Zweck.«

Er nahm es zögerlich an: »Ich werde Emmi neue Windeln kaufen. Die alten sind schon ganz ausgeleiert.«

»Eins noch«, kam mir in den Sinn, »ich bewundere dich dafür, wie rigoros du mit Geschenken umgehst. Aber was machst du, wenn Gregor euch besucht und seinen Teddy nicht vorfindet?«

»Gregor besucht uns nicht. Wir sehen uns bei der Arbeit. Das ist mehr als ausreichend. Und wenn, so wär's mir auch egal. Aber, gut dass du es ansprichst: Besucht er euch?«

»Selten.«

»Gut. Dann wird er vielleicht irgendwann sehen, dass dein Sohn wieder einen Teddy hat. Erzähl ihm, dass die kleine Emmi davon gehört hat, dass dein Sohn ganz traurig war, und ihm dann ihren lieben Teddy geschenkt hat, blablabla.«

»Mach ich. Danke. Ich muss jetzt nach Hause, Welt retten.«

»Auf Wiedersehen!«, er deutete zum Treppenaufgang, dann wandte er sich wieder der Plastikbox zu.

Draußen versuchte ich, Wilma zu erreichen – vergeblich, entweder hatte sie nicht mehr die Nerven, ans Fon zu gehen, oder Emil übertönte das Klingeln. Ich schaute nach einem Taxi aus und fand keins – dann fiel mir auch ein, dass ich Arne gerade all mein Geld gegeben hatte. Also auf zur Haltestelle, die nicht weit war, ich eilte um die Ecke, sah eine Bahn kommen – wunderbar, sie musste an der Kreuzung halten, ich zog einen Spurt an, überquerte die Straße und glitt, o Wunder, gerade noch rechtzeitig zwischen den nach mir schnappenden Türflügeln hindurch ins Innere. Dort setzte ich mich und betrachtete im triumphalen Hochgefühl jenen Jürgen, der mir so unverhofft zuteilgeworden war – jenen Jürgen, der allerdings einen wundersamen Verjüngungsprozess durchlaufen hatte. Mir wurde gewahr, dass Emils ungebremste Liebe am Ur-Jürgen Spuren hinterlassen hatte: gewisse Verfilzungen und Fehlstellen, mit denen dieses neue Exemplar nicht aufwarten konnte. So war zu befürchten, dass Emil den Austausch als solchen erkennen und die Annahme des Replikanten verweigern würde.

Nun galt es schnell und umsichtig zu handeln, würde die Bahnfahrt doch nicht ewig währen. Zunächst verschliss ich den Teddy durch kraftvolle Streiche meiner bloßen Handflächen, dann lichtete ich sein dichtes Fell durch kleinere Ausrupfungen, dann bewegte ich Teddys Extremitäten in rascher Folge hin und her, auf dass sie ausleierten, und schließlich galt es ja noch, das rechte Ohr zu kupieren, was mir zwar nicht manuell, wohl aber mit Hilfe meiner Schneidezähne gelang. Kurz vor meiner Haltestelle hielt ich inne, betrachtete mit verhaltenem Stolz mein Werk, blickte auf – und mithin in die teils fragenden, teils offen angstvollen Gesichter meiner Mitreisenden, welche mein Tun, so war zu vermuten, schon seit geraumer Zeit verfolgt hatten. Ein junger Post-Punk links vorne hatte gar die In-Ears aus den Ohren genommen, um noch besser sehen zu können – ich fand mich endgültig damit ab, dass die breite Masse mich nie verstehen würde, und stieg aus.

Das Treppenhaus emporeilend, lauschte ich: Nichts zu hören, hatte er sich beruhigt? In der Wohnung empfing mich Wilmas Gesang. Dass ihre Stimme schon zarte Haarrisse der Überanstrengung aufwies, ließ sie nur noch lieblicher klingen: »... kann es besser, ich aber kann es besser, fiel gleich der Esel ei-ei-ein, fiel gleich der Esel ein«. Dabei kauerte sie vor dem Kinderbettchen und wedelte schlapp mit einem Müsliriegel. Gott – wie musste sie gelitten haben! So wäre es nicht recht gewesen, hätte ich mir allein den Ruhm des Retters angemaßt, nein, sie sollte teilhaben. Ich verharrte vor dem Kinderzimmer und wies Wilma wortlos den Teddy. In ihren gebrochenen Augen flackerte so etwas wie Leben auf, sie erhob sich, kam in die Diele und nickte mir müde, doch durchaus anerkennend zu. Dann traten wir gemeinsam ins Kinderzimmer.

»Guck mal, Emil, der Papa war gerade am Flugbahnhof und hat den Jürgen abgeholt!«

Wir starrten auf den Jungen. Das Menschenmögliche war getan. Nun mochte ein Höheres walten. Es war uns, als wehte ein schwarzer Hauch des Schicksals durch das Kinderzimmer. Würde der Junge den Austausch bemerken?

Wilma und ich setzten unser elterliches Rundum-sorglos-Lächeln auf, voller Furcht, dass es herunterfallen könnte. Der gesichtsverquollene Emil aber musterte den Ersatzjürgen.

Ich versuchte, dem Schicksalshauch die rechte Richtung zu geben: »Emil, ich finde, der Jürgen sieht etwas anders aus. Und riecht etwas anders. Ich glaube, das liegt daran, dass er sich so gut erholt hat!«

Es hatte nicht den Anschein, als würden meine Worte Emil erreichen. Der Junge wirkte seltsam absent. Dann kehrte er langsam in sich zurück. Ein kleines Zittern durchfuhr ihn. Argwohn regte sich in seinem Gesicht – und wurde zur Wut. Emil fixierte mich. Mir war, als läge all meine Minderwertigkeit, all meine Gemeinheit bloß vor seinen blauen Augen. Alles wurde nichtig, alles, alle Mühe, alle Hoffnung.

Dann barst Emil: »Mein Eis! Wo ist mein Eis? Du hast gesagt, Jürgen bringt mein Eis!«

»Jahaha, dein Eis, hahahaha, das ist ja lustig!«, stammelte Wilma in ungesunder Albernheit, offenbar war sie der nervlichen Belastung nicht gewachsen.

Nun ruhte alle Last allein auf mir: »Ach ja, klar, dein Eis. Das ist – eh – noch unten, warte, ich hol's hoch!«

Ich rannte das Treppenhaus hinunter. Ich rannte das Treppenhaus hinauf (Geld vergessen), dann wieder runter, raus, rüber in die Tankstelle, Becher Schoko-Eis aus der Truhe, bezahlen. Nein, nicht getankt, nur das Eis, zurück, hoch in die Wohnung, ins Kinderzimmer – Emil lag in seinem Bettchen, die Äuglein zu, um sich jenen holden Zauber, der dem schlafenden Kindchen zu eigen ist. Sein rechtes Ärmchen umfasste Ersatzjürgen.

Ich fand Wilma am Küchentisch. Ich holte zwei Löffel und setzte mich dazu. Stumm löffelten wir das billige Tankstellen-Eis. Es mundete uns himmlisch.

KAPITEL XXII

DER HASSGEGENSTAND

Warum es Dinge gibt, die keinerlei Existenzberechtigung haben / Warum sich diese plötzlich in deiner Wohnung einfinden / Wie die Liebe deines Kindes diese schrecklichen Dinge vor der Vernichtung schützt / Wie sich der Ausgang eines Kleinfamilienstreits sicher prognostizieren lässt / Warum das Grauen viele Namen hat

Ich vermute, lieber Mitvater, dass du Dinge in deiner Wohnung hast. Die meisten Menschen haben Dinge in ihren Wohnungen. Nur wenige leben in leeren weißen Würfeln. Freilich sind die Dinge, die wir in unseren Wohnungen haben, nicht beliebiger Natur, müssen sie doch gewisse Anforderungen erfüllen: Entweder müssen sie schön sein (wie beispielsweise ein Bild) – oder nützlich (wie beispielsweise ein Dosenöffner). Ideal ist, wenn sie beide Eigenschaften in sich vereinen (wie beispielsweise ein bildschöner Dosenöffner).

Falls sich aber in unseren Wohnungen ein Ding anfindet, welches weder schön noch nützlich ist, beispielsweise ein benutzter Hagebuttenteebeutel, so ergreifen wir dieses Ding und befördern es mit Schwung in das nichtende Nichts eines Mülleimers (welcher sich so wiederum als nützliches Ding erweist).

Wenn wir irgendwann im Laufe unseres Lebens mit einem Girl zusammenziehen, verkomplizieren sich die Dinge ein wenig: Nicht immer herrscht Einigkeit darüber, was nützlich sei (»Selbstverständlich brauche ich einen 190-cm-Fernseher! Wie soll ich sonst einigermaßen menschenwürdig Fußball gucken?«) und was schön (»Aber dieses Monstrum erschlägt die ganze Wohnzimmereinrichtung!« – »Umso besser! Dann ist sie endlich tot, und wir haben unsere Ruhe.«).

Doch da man sich ganz dolle liebt, findet man nicht selten dieselben Dinge schön und nützlich. Falls nicht, so findet man es vielleicht schön und nützlich, dass jenes Girl andere Dinge schön und nützlich findet als man selbst. Mitunter lernt man gar, die Andersartigkeit des Girls zu verstehen, und dieses kann durchaus bereichernd sein. Doch selbst dort, wo der Geschmack des Girls gänzlich gaga ist, kann man das Unerforschliche ruhig verehren: Sie ist zwar manchmal etwas merkwürdig, die Liebe, aber nichtsdestotrotz eminent liebenswert. Und, nebenbei: eminent schön und nützlich. So ist alles gut, und so erfreust du dich an der Liebe und an einem – insgesamt betrachtet – schönen und nützlichen Hausstand.

Damit, Alter, wird es bald ein Ende haben. Denn bald werden allerlei Dinge übelster Machart in deinen Hausstand hageln. Dinge, von deren bloßer Existenz du dir in deinen ärgsten Fieberträumen keine Vorstellung gemacht hast. Denn nun hast du ein Kind. Dieses Kind wird Geschenke bekommen, und zwar nicht wenige. Wohl mag es dir noch gelingen, das Schenkverhalten deiner Eltern, womöglich auch jenes deiner Schwiegereltern, in eine dir genehme Richtung zu lenken. Doch wahrscheinlich schon bei den Kollegen und Nachbarn, in jedem Fall aber bei der verschrobenen Tante Ferdinand, bist du nahezu wehrlos. Und selbst wenn du all deine Abwehrkräfte ins Feld führst, in alle Richtungen agierst, dein Äußerstes gibst, um das Unheil abzuwenden – es wird dich ereilen. Früher oder später. Durch welche Hintertür auch immer. Ja: Dein ultimatives Hassding wird Eingang in deine Wohnung finden. Es existiert schon, dieses Ding. Irgendwo draußen, tief im Verborgenen. Und es wartet auf seine Stunde. Dieses Ding wird danach trachten, dich zu zerstören. Und du wirst danach trachten, dieses Ding zu zerstören. Es gibt nur eines, was dich mit diesem Ding verbindet: Hass. Mein Lieber: Ich weiß, wovon ich rede. Denn mein ultimatives Hass-Ding steht jetzt gerade, da ich dies schreibe, neben mir.

Es ereilte mich eines diesigen Mittwochs. Ich erinnere mich noch allzu gut. Das Verhängnis kündigte sich durch ein hässlich hallendes Klackern im Treppenhaus an. Wilma war mit Emil auf dem Spielplatz gewesen, nun kamen sie offenbar zurück. Etwas beunruhigt öffnete ich die Wohnungstür und sah zuvorderst Wilma, die ein Ding emportrug, welches andererseits der ausgelassen juchzende Emil mit seinen kleinen, süßen Händen zu packen versuchte. Oben angelangt, stellte Wilma das Ding zu Boden – glücklich glucksend griff Emil zu und schob es über die Schwelle: das vergegenständlichte Grauen oder, anders gesprochen, einen Puppenbuggy von geradezu unermesslicher Hässlichkeit.

»Was ist das. – Was – ist das …«, stammelte ich hilflos; mittlerweile war der Puppenbuggy, mit Emil im Gefolge, vorbei an mir in die Wohnung gerast, wobei er sich den Umstand zunutze gemacht hatte, dass ich aus Angst, von ihm berührt zu werden, wieselflink ausgewichen war.

Wilma trat ein, liebkoste mich verständnisvoll, um mir dann die Geschichte zu erzählen: Emil hatte auf dem Spielplatz eine Augenblicksfreundschaft mit dem kleinen Clifford geschlossen, welcher dort mit einem, wie Wilma meinte, wesentlich schöneren Puppenbuggy zugange gewesen war. Diesen hatte Emil sich dann entliehen und fortan voller Wonne bespielt, sodass Cliffords Mama meinte ein Gutes zu tun, indem sie Emil anbot, ihm Cliffords abgelegten Alt-Puppenbuggy zu schenken. Besagtes Gerät war dann aus dem Keller eines Mehrfamilienhauses gezogen worden und hatte nun den Weg in unser Heim gefunden, wo es, während Wilma mir all dies erzählte, übelste Verwüstungen anrichtete, wie ich aus den hässlichen Kollisionsgeräuschen folgerte, die hinter mir erklangen.

»Wilma«, sagte ich ihr, wobei ich ein wenig über den krächzenden Klang meiner Stimme erschrak, »wir sind uns einig: Der Puppenbuggy muss sterben.«

»Mhmmm«, antwortete mein Krammetsvögelchen, »klar. Alle Argumente sprechen dafür. Außer einem: Emil liebt das Ding. Innig.«

Ich wandte mich ab und ging dem Lärm nach, welcher, wie sich herausstellte, aus meinem Arbeitszimmer drang und seine Quelle im wiederholten Anprall des Puppenbuggys gegen mein Bücherregal hatte, dann und wann gab Emil einen Jubelschrei hinzu.

»Emil, alter Kriegskamerad«, hob ich an, wobei ich mit der Hausschuhsohle ein Doppelrad des Puppenbuggys blockierte.

»Papa, ich hab ein Puppenbuggy!«, teilte der Kleine mir überflüssigerweise mit, wobei sein hübsches Gesichtchen vor Lebensglück strahlte.

»Emil – sollen wir jetzt auf meinem Tablet die Maus und den Elefanten und die Ente ansehen?«

»Papa, ich hab ein Puppenbuggy!«, erwiderte mein Goldsohn, was im strengeren Sinne nicht als Antwort auf meine Frage durchging.

»Was hast du eigentlich vor?«, erkundigte sich Wilma, ihre Jacke ausziehend, von hinten aus der Diele.

»Ich will Emil ablenken, um das Ding zu destruieren. Noch ist es klein. Noch können wir Menschen es besiegen.« Indes hatte sich der Puppenbuggy meiner Fußbremse entwunden, nun ratterte er rhythmisch gegen meinen armen, wehrlosen Schreibtisch, einen lustvoll quietschenden Emil im Gefolge: »Papa! Ein Puppenbuggy!«

»Was bitte?!«, fragte mich Wilma in ihrem gefürchteten Wasbitte-Tonfall. »Du willst ihn kaputt machen?«

Nun befand ich mich in einer etwas diffizilen Situation: Emil stellte die weitere Existenz meines Schreibtisches infrage, Wilma meinen genialen Rettungsplan. So galt es nun zu beweisen, dass ich, allen Widrigkeiten zum Trotze, noch handlungsfähig war. Ich hob Emil, welcher siamesisch mit dem Puppenbuggy verwachsen schien, empor und beförderte die Zweiheit ins Badezimmer, dort nämlich war das Interieur etwas härter.

Das gab mir ein wenig Zeit – Zeit, die ich nutzen wollte, um Wilma zu überzeugen: »Höre mal, Frau: Dieses Ding ist eine Ausgeburt der Hölle. Es ist hässlich. Es ist zerstörerisch. Und überdies wahrscheinlich ein Born der Bazillen. Ich will es nicht haben.«

»Aber Emil will es haben«, sagte Wilma, und dann, in pathetischem Überschwang: »Er liebt diesen Buggy. Er liebt ihn über alles.«

Das beeindruckte mich wenig: »Er ist jung. Er wird vergessen. Eines Tages wird er wieder lieben können«

»Sag mal«, nun lagen kleine, glitzernde Eiskristalle auf ihrer Stimme, »bist du neuerdings völlig verabscheuenswürdig geworden? Du möchtest deinem Sohn etwas wegnehmen, was er liebt? Damit machst du ihn todtraurig. Und zerstörst all sein Vertrauen. Wie soll er das verarbeiten, dass etwas, was da war, plötzlich nicht mehr da ist?«

»Quick, Quack, Quock«, gab ich ihr überlegt zu bedenken, »ich habe damals auch alles verloren, was ich hatte. In Ostpreußen. Hat sich alles der Russe genommen. Und trotzdem habe ich mir nach dem Krieg wieder etwas aufgebaut. Mit ehrlicher Arbeit.«

Doch im Grunde wusste ich, dass dieser Kampf verloren war.* Wilma, obschon deutlich kleiner als ich, brachte es fertig, mich von oben herab anzuschauen. Unehrerbietig wandte sie sich ab und ging ins Badezimmer, wo es ihr tatsächlich auf sanfte, zartfühlende Art gelang, Emil den Buggy zu entwinden. Dann setzten sich Mama

** Ähnlich dem Endspiel einer Schachpartie lässt sich auch der Ausgang eines Kleinfamilienstreits recht exakt prognostizieren. Die Theorie ist verhältnismäßig simpel:*

- *Du und Frau gegen Kind: Du gewinnst, wenn du keine groben Fehler machst.*
- *Du gegen Frau und Kind: Du verlierst, immer.*
- *Du und Vernunft gegen Frau und Kind: Du verlierst ebenfalls, immer.*
- *Du und Kind gegen Frau: Langes Endspiel, du verlierst jedoch immer und fällst obendrein der moralischen Ächtung anheim (wie kannst du auch das Kind gegen die Mutter ausspielen!).*

Nun aber stand ich gar allein gegen Frau, Kind und Buggy, also kippte ich den König, der Buggy würde bleiben.

und ihr kleiner Mausi in die Küche ab, um ein Müsli mit ganz viel gesundem Obst zu machen. Der geschlagene Papa aber schlich ins Bad, schloss die Türe hinter sich und musterte das Unding: »Okay. Diese Runde geht an dich. Aber wisse, ruchloser Buggy: Papa verliert alle Schlachten – bis auf die letzte!«

»Glaubst du wirklich?«, schien er zu höhnen. »Hast du dich mal gefragt, wo Cliffords Vater jetzt wohl ist? Er wollte mich aufhalten! Doch er war zu schwach! Hahaha! Hahahahaha!«

Nein, das sagte er nicht wirklich. Das war bloß meine überbordende Fantasie. Glaube ich jedenfalls.

Wie dem auch sei: Auf jene letzte Schlacht warte ich nach wie vor. Der Buggy hat sich als überaus starker Gegner erwiesen. Zwischenzeitlich unternahm ich den Versuch, ihn wenigstens durch ein schöneres Exemplar seiner Art zu ersetzen – ich ging mit Emil in einen Spielzeug-Megamarkt und bot ihm an, sich einen ästhetisch erträglicheren (und bazillenfreien) Austauschwagen zu erküren. Ich stellte ihm einige Modelle vor. Emil war mäßig interessiert. Als ich ihm jedoch erklärte, dass er dann seinen alten Buggy wohl nicht mehr brauchen würde und man diesen dann doch wieder zu Cliffords Mama zurückbringen könne, fing Emil heftig an zu weinen, was ich erst durch den ungeplanten Spontankauf eines großen Feuerwehrautos (mit zwei Blinklichtern, Tatü und Tata) eindämmen konnte.

Der Hass-Buggy bleibt im Hausstand. Vorläufig. Immerhin haben wir mit der Zeit einen einigermaßen erträglichen Modus Vivendi gefunden: Emil konnte davon abgebracht werden, das Ding als Dampframme zu benutzen. Von Zeit zu Zeit jedoch überkommt es den Kleinen, und er prescht mit dem Ding durch die Wohnung, rasselnd im schallenden Trab, wobei das Vergnügen ganz auf seiner Seite ist. Ansonsten steht der Buggy herum – des Nachts übrigens mysteriöserweise immer auf jenem Weg, den ich ins Badezimmer beschreite, was zu widerlichen Kollisionen und größter Lebensunlust führt. Dass ich ihn daraufhin mit ausgesuchten Kraftausdrücken bedenke, scheint ihn wenig zu rühren, wahrscheinlich grinst er mich, im Schutze der Dunkelheit, noch unverschämt an.

Tagsüber hingegen findet sich der Buggy unweigerlich neben dem Schreibtisch ein, um mich in meinem Tagwerk zu demotivieren. Auch jetzt steht er da. Ich mustere ihn: Seine vier schmandweißen Doppelräder, das äußere hinten links mit der unschönen Schiefstellung. Das blaue, billig vernietete Gestänge mit den Resten eines Aufklebers. Was steht eigentlich darauf? Bekennt sich wenigstens eine Firma zu dieser widerlichen Untat? Hmmm ... die Schrift ist mikroskopisch klein und stark berieben, Moment, ich muss mal eben die Einschlaglupe holen ...: »Bevat kleine onderdelen, di het kind kan inslikken. Adres bewaren.« Das sieht irgendwie niederländisch aus, nicht wahr? Aber was will mir der Niederländer mit diesen Worten sagen? Welche Adres soll ich bewaren? Und wozu eigentlich? Kann ich das Ding irgendwohin zurückschicken? Ist am Ende Pfand drauf? Fragen über Fragen, aber wahrscheinlich nur Teil der Zermürbungsstrategie, welche dieser Buggy an mir verfolgt.

Seine stärkste Waffe aber ist zweifelsohne die textile Sitzfläche: Hier verdichtet sich das Grauen ins Unerträgliche. Grundfarbe ist ein Pastellblau, welches, wild ornamentiert, alle ästhetischen Schrecknisse der Eighties in sich birgt. Darauf sind allerlei gegenständliche Bildchen gemalt, und zwar ein Mutti-Pferd mit einem Baby-Pferd, zwei Baby-Lämmchen vor einem Teich, in welchem wiederum Goldfischlein baden, eine schielende Ente mit Schleifchen im Haar (im Haar?), drei Gänschen mit Halsbändchen unterm Apfelbäumchen, fünf Marienkäferchen in Kolonne sowie ganz viele kleine feucht glänzende bräunliche Kotzbröckchen – äh, Entschuldigung, Letztere sind ja gar nicht aufgemalt, sondern soeben mir selbst entkommen, wobei ich sie – ohne eitel zu sein – noch für das Gelungenste an jenem Puppenbuggy halte.

Ich fürchte, lieber Mitvater, dass du mein Grauen nicht verstehst. Gib doch zu: Du denkst, dass ich maßlos übertriebe, Effekte heischte, verschnöselt wäre oder sonst was. Denke das ruhig. Ich bin mir gewiss: Irgendwann wirst du mich verstehen, und zwar, wenn dich dein eigenes Schicksal ereilt – in Gestalt eines Undings, welches das Herz deines lieben Kindes erobert, dich selbst aber ins Verderben treibt. Welcher Art dieses Unding sein wird, weißt du nicht: Das Grauen ist groß und mannigfach. Denk nur, wie viele Dinge es gibt, die auf Knopfdruck Dauerlärm erzeugen, wie viele Dinge, die sich, von Kinderhand geführt, in grässliche Zerstörungswaffen verwandeln, wie viele Dinge, die beim Darauftreten Schmerzen der widerwärtigsten Art verursachen. Wie schon gesagt: Eines dieser Dinge ist dir gewidmet. Es harrt deiner schon, in irgendeinem Keller, in irgendeinem Geschäft. Und, soviel steht fest: Es wird dich finden.

Ja, mein Lieber: Ich weiß, wovon ich rede, hier sitzend, Aug in Aug mit dem Todfeind. Ich bin allein in der Wohnung, Wilma und Emil besuchen die große Anne und die kleine Cara. In Gedanken spiele ich das Szenario durch, zum wievielten Male wohl: Mit der schweren Wasserpumpenzange könnte ich die Nieten sprengen, das Gestänge zerlegen, jawohl, unter Hammerschlägen würden die Räder bersten, jawohl, der Sitzbezug mit all seinen Unsäglichkeiten fiele dann von selbst in meine Hände, in jene Hände, die danach gieren, ihn in Stücke zu reißen. Dann schließlich noch ein Holzpflock ins Herz des Puppenbuggy getrieben, und alles, alles wäre gut … bis Wilma und Emil erschienen. Aber dann?

Ich glaube nicht, dass ich die Kraft haben werde, es zu tun. Ich bin schwach. Wer will mir darob einen Vorwurf machen? Du?

Wer weiß, vielleicht willst du es, eines Tages. Jenes Tages nämlich, an dem deine Frau und dein Kind fröhlich vom Spielplatz heimkommen und einen Puppenbuggy mitbringen, den ihnen ein kleiner Emil dort geschenkt hat … hahaha … hahaha … hahahaha … hahahahaaaaa!

KAPITEL XXIII

DAS WEGGEHEN

Wie es sich anfühlt, sein Kind in den Kindergarten zu geben / Warum Frau Hammesfahr sich augenscheinlich von rohen Schlachtabfällen ernährt / Wieso sich ein guter Vater entbehrlich machen muss / Wieso es schwer ist, fortzugehen / Wieso es wunderbar ist, fortzugehen / Warum ein Vater glücklich ist

Alleine, verlassen, vernichtet stand ich dort, vor jenem klobigen Gebäude, dessen trutzige, unverputzte Backsteinfassade, so weit mein Blick reichte, nur von wenigen schießschartengleichen Fenstern durchbrochen wurde. »Oh nein«, stieß ich heiser hervor, »oh nein!«, dann senkten sich meine Lider, Schwärze überfiel mich. Ich ballte die zitternden Hände in den weiten Taschen des Trenchcoats zu harten, kraftvollen Fäusten. Schmerzhaft bohrten sich die Fingernägel in meine Handballen. Ich grub sie noch stärker ein, begierig nach diesem Schmerz, gab er doch dem, was meine Seele litt, einen blutvollen Ausdruck. Dann riss ich die Augen wieder auf, starrte die Backsteinfront an, unfähig, mich irgend von ihr loszureißen: Welch schreckliches Geheimnis verbarg sie?

Hätte ich das Gebäude umschreiten können, so wäre mir Einblick in sein Inneres zuteilgeworden, war die der Straße abgewandte Seite doch mit zahlreichen großen Fenstern und vollverglasten Türen ausgestattet. Jener Einblick aber blieb mir verwehrt: Ein übermannshoher Stahlzaun, welcher noch Bastmatten zum Zwecke des Sichtschutzes trug, schloss das Grundstück hermetisch gegen das ab, was mir Welt hieß.

Wohl war mir das Innenleben jenes Gebäudes nicht gänzlich unbekannt, hatte ich doch während der letzten Wochen so manche Stunde in seinen Mauern verbracht, freilich ohne je alles schauen zu dürfen. Der Kellertrakt zum Beispiel war mir verschlossen geblieben. Und, so viel war klar: Dieses Gebäude war unterkellert, wie die unsauberen, mit schweren mennigroten Gittern versehenen Kellerfenster auswiesen. So stellte sich unweigerlich die Frage: Was, verdammt noch mal, geht hinter ihnen vor?

Ich suchte intuitiv nach Antwort: Gierige Krokodile glitten durchs stinkige Brackwasser, sie umkreisten ein Floß, lieblos aus Holzabfällen zusammengezimmert, auf welchem sich die Kinder angstvoll aneinanderklammerten. Mein hilfloser Emil aber, ohne jede Erfahrung mit Lagen dieser Art, war bereits an den glitschigen Rand gedrängt, im Abrutschen begriffen, schon verloren seine lieben Händchen den Halt – während, fernab jenes grausigen Geschehens, die Erzieherinnen sich in ihrem angenehm klimatisierten Aufenthaltsraum um ein Fernsehgerät geschart hatten, in der Absicht, beim Betrachten des Shopping-Kanals ein wenig Entspannung zu finden.

Ein geradezu perfekter Plan. Nur hatten diese verdammt sauberen Erzieherinnen ihre Rechnung ohne Emils Vater gemacht! Ich würde meinen Jungen retten, die anderen Kinder selbstverständlich auch, dann würden wir den Aufenthaltsraum stürmen, das ruchlose Gezücht ergreifen, es den Reptilien zum Fraße vorwerfen, und schließlich selbst vor dem Fernseher Platz nehmen, um jenen unsäglich perfiden Erzieherinnen mittels ihrer eigenen Smartphones lauter Dinge bestellen, die sie überhaupt nicht brauchen! Hahaha!

In zwei kühnen Sprüngen nahm ich die sechs Treppenstufen, die zur Eingangstür führten, neben welcher ein Messingschild prangte: »Städtische Kindertageseinrichtung Juliusstraße«, ich zog meine Faust aus der Tasche, holte aus, um den Klingelknopf ins Mauerwerk zu hämmern – dann hielt ich inne. Und prüfte mich unter Zuhilfenahme meines wie gewohnt messerscharfen analytischen Verstandes: Gab es Indizien, welche zu dem Schluss berechtigt hätten, dass Emil gerade von Krokodilen zerfleischt wird? Nun … äh … na ja … also: nein. Doch andererseits gab es auch keine belastbaren Fakten, welche dieses Szenario gänzlich ausgeschlossen hätten. Hinter verdreckten Kellerfenstern ist grundsätzlich all jenes möglich, dessen Unmöglichkeit nicht beweisbar ist. So musste ich mit Wahrscheinlichkeiten vorliebnehmen, was mir recht zuwider war, ging es doch um das Wohl meines Sohnes – meines Sohnes, der in diesem Augenblick zum ersten Mal in seinem kleinen Leben der elterlichen Obhut entzogen war. Denn einer von uns war stets bei ihm gewesen, sei es seine Mutter, sei es sein Vater. Gut: Hin und wieder hatten die Großeltern eingehütet, doch waren diese uns zur Loyalität verpflichtet, zudem standen sie unter permanenter telefonischer Qualitätskontrolle. Seit einer Woche aber hatte sich die Situation grundlegend verändert: Emil war zum Kindergartenkind geraten.

Wir befanden uns in der sogenannten »Eingewöhnungsphase«, welche vorgeblich den Zweck hat, die Kinder mit ihrer neuen Lebenslage vertraut zu machen. Mittlerweile jedoch war mir der Verdacht erwachsen, dass es eher darum ging, die Eltern gefügig zu machen, fällt es diesen doch gar nicht so leicht, ihren kleinen Schatz wildfremden Menschen zu überlassen. Wilma hatte einstimmig beschlossen, dass es mir obliegen würde, Emil in den Kindergarten einzuführen. Erstens hatte sie ein randvolles Auftragsbuch, sodass sie in ihrer kleinen Restauratoren-Werkstatt absolut unabkömmlich war. Und zweitens ging Wilma völlig zu Recht davon aus, dass ihr als empfindsamem Wesen die Trennung von Emil schwerfallen würde. Ich hingegen, so hatte sie schlüssig dargelegt, sei aufgrund meiner notorischen Gefühlsarmut geradezu prädestiniert für derlei Aufgaben.

Die Kita setzte auf sanften Entzug: Am Anfang durfte Vati noch mit in die Krabbelkäfer-Gruppe kommen, wo er, auf einem etwas unterdimensionierten Stühlchen kauernd, seinem lieben Jungen beim Liebsein zusah. Dann wurde Vati im Foyer-Bereich zwischengelagert, wo er, der Sicht seines Sohnes entzogen und mit reichlich Filterkaffee versorgt, abwechselnd auf sein Tablet und ins Nichts schaute. Phase drei schließlich verlangte von Vati, sich unauffällig zu beseitigen: »Herr Berke«, sprach Frau Böker, »der Emil hat sich ganz vorzüglich integriert, der hat total viel Spaß, das haben Sie doch auch selbst gesehen, alles ist supergut, also, Sie können jetzt ruhig mal rausgehen, ein bisschen spazieren oder einkaufen, kommen Sie in zwei Stunden wieder, also nach dem Mittagessen, dann können Sie den Emil gleich mitnehmen, jawohl, nicht wahr, jawohl!« – Und schon war Vati durch die Tür ins Freie geschoben – sodass er nicht mehr hören konnte, wie Frau Böker sich nun an Frau Henckels, ihre Kollegin, wandte: »Endlich ist dieser Idiot weg. Bringt die Blagen in den Keller und setzt sie aufs Floß, gleich kommen Ramona und Lucy mit ihrer Designerschmuck-Happy-Hour!« ... ach nein, Unsinn, ich war doch gerade gütlich übereingekommen, dieses Szenario zu verwerfen. So gebot ich meiner Faust, den Klingelknopf unberührt zu lassen, und wandte mich zum Gehen. Langsam schritt ich die Juliusstraße herab, allzu langsam – war mir doch, als hinderte ein zäher Sumpf mein Fortkommen: Ich ließ meinen Sohn hinter mir, meinen Sohn, der jetzt allein, ohne den liebenden Schutz seines Vaters, in der Fremde zurechtkommen musste.

Erneut rief ich mich dringend zur Ordnung: War ich denn am Ende völlig verkitscht? Hey, Alter: Emil ist nicht im Vietnamkrieg, sondern in der perfekt gepamperten Wohlfühl-Umgebung eines deutschen Kuschelkindergartens – eines deutschen Kuschelkindergartens, dessen Erzieherinnen sowohl von überbordender Kinderliebe als auch von allerneusten pädagogischen Erkenntnissen geleitet werden. Während meiner Eingewöhnungszeit hatte ich sie kennengelernt: Frau Böker, die ebenso sympathische wie souveräne Leiterin der Einrichtung; Frau Scyzoryk mit ihrem aus tiefem Herzen kommenden Frohmut, der sich, dank ihres ansteckenden Lachens, einem jeden sofort mitteilte; Frau Henckels, deren sanfte, leise Art bei Emil so wunderbar angekommen war, und all die anderen – gut, Frau Hammesfahr hatte für gewisse Irritationen gesorgt, schon aufgrund der dunklen Gutturallaute, die sie unaufhörlich ausstieß, auch nahmen sich ihre blutverkrustete Gummischürze und das ständig in der Hand geführte Schlachterbeil in diesem Kontext ein wenig seltsam aus – aber erstens war Frau Hammesfahr ja nicht in Emils Krabbelkäfer-Gruppe, sondern bei den Honigbienen, und zweitens hatte mir Frau Böker versichert, dass Frau Hammesfahr die meiste Zeit des Tages angekettet sei. –

Ach, Quatsch. Meine Versuche, mich selbst zu erheitern, blieben erfolglos. Ich dachte an Emil, von dem ich weggegangen war, und ja, es rührte mich mächtig an, dieses Weggehen: Ob es Emil verstört hatte? Haben nicht alle Kinder Angst, dass Mama und Papa weggehen könnten? Hatte nicht auch ich Angst davor gehabt, als ich klein war? Oder haben am Ende Mama und Papa Angst davor, dass ihr Kind weggeht? Indem es größer wird, schließlich kein Kind mehr ist?

Erratisch strich ich durch die Straßen. Dann fand ich mich am Ufer jenes eingefassten Dorfbachs wieder, der dieser Stadt seinen Namen gab. Ich folgte dessen Lauf, überholte einen kleinen Zweig, der auf ihm trieb, und musterte die hiesigen Enten. Sie schienen sich ganz passabel zu befinden. Abgesehen von kleinen rabiaten Ausbrüchen in Kampf und Liebe zeigen diese Tiere eine geradezu aristokratische Nonchalance. Ganz anders ich. Mich trieben Gedanken um. Wie wird es mir erst gehen, wenn Emil sich eines Tages auf sein kleines Fahrrad setzt und mir verkündet, nun in den Park zu wollen – alleine? Und das wird nur der Anfang sein: Der Junge wird sein Leben mehr und mehr unter Ausschluss seiner Eltern führen, und das ist recht so: Es gehört zu den Pflichten eines Vaters, sich entbehrlich zu machen, »loszulassen«, wie es im Jargon jener naseweisen Ratgeber heißt. Und schließlich steht da noch das finale Loslassen an.

War es das, was mich so traurig stimmte? Die Sorge um Emil jedenfalls konnte es kaum sein, befand sich dieser doch gerade einmal 500 Meter von mir entfernt in vollprofessioneller Obhut. So bedrückte mich wohl ein ganz anderes: Die Gewissheit, dass er nun

Dinge tat, sah, erlebte, von denen ich nie erfahren würde. Wohl war kaum zu vermuten, dass diese Dinge von der Art derer wären, die wir Ereignis nennen, nein: Vielleicht ging Emil jetzt gerade von der Couch zum Spielteppich, oder umgekehrt, vielleicht partizipierte er an einem kollektiven Klatschlied, oder ärgerte sich über ein anderes Kind, oder freute sich an einem anderen Kind, oder schob ein Spielzeugauto umher, oder hatte gerade ein bisschen Angst, oder hatte gerade überhaupt kein bisschen Angst. Solche Dinge halt. Doch bislang hatte ich Anteil an solchen Dingen gehabt: Ich hatte sie erlebt, und ich hatte Emil erlebt, wie er sie erlebt hatte. Und war ich nicht dort gewesen, so war Wilma dort gewesen. Nun aber erlebte er die Dinge ohne mich. Wem tat das weh? Ihm? Nein. Mir?

Ich stand auf einer kleinen Fußgängerbrücke, die den Bach überquerte, und blickte in dessen Dahinfließen. Ein leerer Plastikbeutel wurde angetrieben und verschwand unter mir, dann kam der kleine Zweig, merkwürdig unscharf sah ich ihn, zum Vielfachen multipliziert, gleichsam als schaute ich durch ein altes, eingetrübtes Kaleidoskop.

Nun hatte auch der kleine Zweig die Brücke passiert, und eine geradezu entenhafte Entspanntheit kam über mich: Dieser kleine Zweig hat, gleich allem, sein Ziel. Mag er das Meer erreichen, mag es ihn ans Ufer spülen, mag er sich im Fließwasser-Entschleimungsgitter des kommunalen Fließwasser-Entschleimungsamtes verfangen – er hat sein Ziel, dem er zu eigen ist, sein Ziel, dem er, ohne dass ihm ein Zweifel wäre, entgegenstrebt.

Die Kirchturmuhr schlug. In einer Dreiviertelstunde würde ich Emil abholen. Einen Kaffee trinken? Dazu würde die Zeit kaum reichen, überdies sprach gegen diesen Plan, dass ich weder Lust auf einen Kaffee noch Lust auf ein Café hatte. Also in den Park, komm, ins Offene! Zwei Hausfrauen, konisch verformt und mit pfiffigen Kurzhaarfrisuren versehen, wackelten mir entgegen, an Leinen Kleinhunde führend, welche unfroh dreinsahen. Was Emil jetzt wohl gerade tat? Es ging ihm gut, zweifelsohne, sonst hätte mich

Frau Böker gewiss angerufen, ist sie doch kaum daran interessiert, ein tränennasses Kind in der Einrichtung zu haben. Halt – hatte ich eigentlich mein Fon auf »laut«? Am Ende hatte Frau Böker unter Aufbietung all ihrer Kräfte versucht, mich zu erreichen, und ich hatte sie nicht gehört, verdammt, wo ist das Ding? Da. Keine Anrufe. Klingelton an. Alles gut.

Alles gut? Ich dachte nach. Es wäre doch durchaus möglich, dass es Emil zwar übel erginge und Frau Böker mich dennoch oder eben deshalb nicht anriefe. Etwa weil sie befürchtete, dass ich dann außerplanmäßig zurückkehren, Emil an mich reißen und somit alle bisherigen Erfolge der Eingewöhnungsphase zerstören würde.

Oder, und nun fiel es mir wie Schuppen von den Augen: Wahrscheinlich ist die Kindertagesstätte über einem alten Indianerfriedhof erbaut worden, und genau derowegen ist im Krabbelkäfer-Gruppenraum auch jene helle Stelle an der Wand, da hatte früher ein Bild gehangen, und wer da drauf gewesen war, auf diesem Bild, ist ja wohl jedem klar! Kein Wunder, dass Böker, dieses tückische Großinsekt, mich nicht anruft! Ich musste sofort zum Katasteramt, mir die Grundstückspläne aushändigen lassen!

Eine entgegenkommende Hundefrau starrte mich furchtsam an, was eventuell daran lag, dass ich allzu fröhlich vor mich hin grinste: Natürlich war alles gut! Ich stellte mir Emil vor: Zweifelsohne fände er die unerlösten Indianergeister ziemlich interessant: Mit denen könnte man Spaß haben! Und ja, ich bin mir sicher: Die unerlösten Indianergeister fänden ihrerseits Emil durchaus bezaubernd. Zusammen ließe sich klasse Quatsch auf dem Kindergartenspielplatz machen. Vielleicht wäre es gar möglich, dass einer der unerlösten Indianergeister einmal bei uns übernachtete – natürlich nur, falls dessen Eltern damit einverstanden wären.

Ich drehte eine Runde um den Teich und freute mich an Sämtlichem, was mir unterkam, auch an Dingen, die gemeinhin kaum zur Freude taugen, wie zum Beispiel einem halb gefüllten Abfallkorb. Dann war es Zeit. Ich ging zur Kindertagesstätte. Frau Böker ließ mich ein und geleitete mich zu den Krabbelkäfern. Dort saß Emil auf dem Sofa, neben sich Frau Henckels, die ihm die Geschichte des Riesen Rick vorlas. Emils Lippen waren leicht aufgetan, was bei ihm ein Zeichen der Faszination ist – oder des Schnupfens, versteht sich. Ich trat näher. Da erblickte er mich, sprang vom Sofa herab und lief auf mich zu. Wir nahmen uns in den Arm.

»War es schön in der Kita?«

»Der Riese Rick hat der Giraffe den Schlips gegeben!«, rief mir der Kleine mitten ins Gesicht, wodurch meine Frage hinreichend beantwortet war. Ich nickte Frau Henckels ab, dann trug ich Emil zur Garderobe, um ihm Jacke und Schuhe anzulegen.

»Ich hab dich sehr lieb, Emil!«

»Papa, das weiß ich doch!«, sagte der Junge, in einem nachsichtig tadelnden Tonfall, als sei es ihm schlechthin undenkbar, dass sein Papa je anders könnte, als ihn lieb zu haben. Und dieses, dass der kleine Mann, dem ich jetzt das Klettband seines Schuhes schließe, so sicher weiß, dass ich ihn lieb habe, immer lieb haben werde – dieses macht mich so glücklich, wie mich noch nichts je glücklich gemacht hat.

DER AUSBLICK
... UND DU WIRST DENKEN, DASS JENE ERSTEN 1.000 TAGE SCHÖN WAREN, JA: DIE SCHÖNSTEN DEINES LEBENS!

… eines fernen Tages wird er dich beiseite nehmen und dir auf ruhige, einfühlsame Weise sagen, dass heute Abend seine Party sei, und »Papa, du weißt doch, dass du mir ein wenig peinlich bist, und so ist es doch das Beste für alle, auch und gerade für dich, wenn ich dich nachher in den Keller sperre, nicht wahr?«

Und dann wirst du dort sitzen, zuunterst all des aufgestapelten Klimbims, aus welchem der Kopf eines verschlissenen, einst so oft geküssten Kuscheltieres ragt, wie hieß es doch gleich, ach ja, Jürgen. Ein angegilbter Bobbycar liegt gleichfalls da, auf dem Rücken liegt er, alle viere von sich streckend. Dann wirst du eines jener Räder berühren, wirst es drehen, in dieser Dämmerung, und du wirst denken, dass jene ersten 1.000 Tage schön waren, ja: die schönsten deines Lebens.

SCHWARZKOPF & SCHWARZKOPF

625 WICHTIGE DINGE FÜR JUNGS

FINGER WEG, MAMA UND PAPA! HIER KOMMT ENDLICH
MAL EIN RATGEBER FÜR JUNGS UND NICHT FÜR DEREN ELTERN

625 DINGE, DIE EIN JUNGE WISSEN MUSS UND GETAN HABEN SOLLTE, BEVOR ER ZUM MANN WIRD
Von Stephan Borchers
Mit Illustrationen von Jana Moskito
408 Seiten, Taschenbuch
ISBN 978-3-86265-436-9 | Preis 12,99 €

Erwachsenwerden ist kein Kindergeburtstag. Für Jungs schon mal gar nicht. Ein wenig Orientierung kann daher nicht schaden. In 625 DINGE, DIE EIN JUNGE WISSEN MUSS UND GETAN HABEN SOLLTE, BEVOR ER ZUM MANN WIRD finden Jungs 25 mal 25 überaus aufschlussreiche und praxistaugliche Tipps in angenehm kurzen Häppchen.

Alles über den Umgang mit Mädchen, richtiges oder falsches Küssen, Dating, durchgeknallte Mutproben, das Überleben in der Schule, das korrekte Verhalten im Fall der Zombieapokalypse und noch vieles andere mehr.

Mit Witz, nie von oben herab, ohne pädagogischen Zeigefinger. Immer am Puls des jugendlich-männlichen Lesers. Ungeniert, ungeschönt und unverschämt hilfreich: der ultimative Ratgeber und ein Must-have für Jungs mit Klasse!

WWW.SCHWARZKOPF-SCHWARZKOPF.DE

MARTIN BERKE hat seine ersten tausend Papa-Tage überlebt, und zwar als Vater eines Sohnes. Dieser Umstand hat ihn dermaßen euphorisiert, dass er gleich hinterher noch eine Tochter gezeugt hat. Wenn er nicht gerade Kinder zeugt oder als Papa amtiert, schreibt er, und zwar allerlei. Beispielsweise Bücher, beispielsweise die 111 GRÜNDE, THÜRINGEN ZU LIEBEN.

Martin Berke
HOW TO SURVIVE DIE ERSTEN 1000 PAPA-TAGE
Wie man als Vater die Nerven behält und ein Superheld wird
Mit Illustrationen von Jana Moskito

ISBN 978-3-86265-565-6

HOW TO SURVIVE – DIE REIHE MIT DEM HAI wird von Martin Brinkmann und Oliver Schwarzkopf herausgegeben |

KATALOG
Wir senden Ihnen gern kostenlos unseren Katalog.
Schwarzkopf & Schwarzkopf Verlag GmbH
Kastanienallee 32, 10435 Berlin
Telefon: 030 – 44 33 63 00
Fax: 030 – 44 33 63 044

INTERNET | E-MAIL
www.schwarzkopf-schwarzkopf.de
info@schwarzkopf-schwarzkopf.de